Grammaire de la langue
Latine

12me Ed.

1874

GRAMMAIRE
DE LA
LANGUE LATINE
RAMENÉE AUX PRINCIPES LES PLUS SIMPLES

PAR
M. LUCIEN LECLAIR
PROFESSEUR AGRÉGÉ DE L'UNIVERSITÉ

L'introduction de cet ouvrage dans les lycées et écoles publiques a été autorisée par S. Exc. M. le Ministre de l'Instruction publique, le 30 juillet 1860.

GRAMMAIRE ÉLÉMENTAIRE

DOUZIÈME ÉDITION.
REVUE ET CORRIGÉE.

PARIS
LIBRAIRIE CLASSIQUE D'EUGÈNE BELIN
RUE DE VAUGIRARD, N° 52.
1874

Tout exemplaire de cet ouvrage non revêtu de ma griffe sera réputé contrefait.

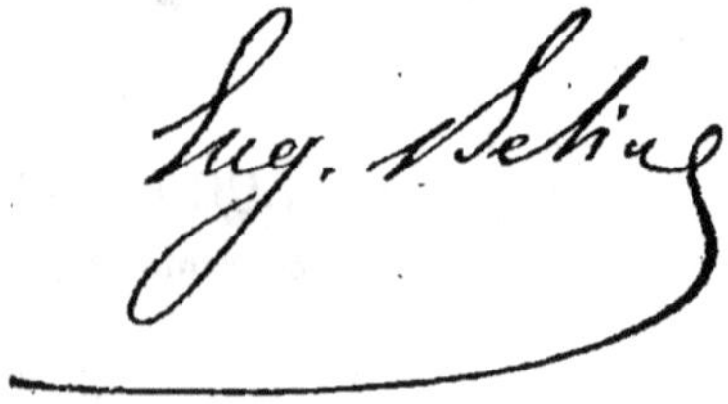

SAINT-CLOUD. — IMPRIMERIE DE Mme Ve EUG. BELIN.

PRÉFACE.

En publiant ce travail, nous n'avons pas eu la présomption de formuler à nouveau les règles de la langue latine. Ces règles ont été exposées, discutées, fixées, dans les savants ouvrages de Port-Royal, de MM. Dutrey et Burnouf. Mais ces méthodes semblent, par l'étendue des matières qu'elles embrassent et par la forme philosophique de leur enseignement, s'adresser à des esprits déjà exercés et convenir plutôt aux maîtres qu'aux élèves. Nos prétentions sont plus modestes; nous avons voulu surtout venir en aide aux élèves.

Il est vrai que sur ce terrain nous rencontrons un grand nombre de grammaires élémentaires qui, s'appuyant sur le texte de Lhomond, se sont proposé d'expliquer, de rectifier et de compléter l'œuvre du maître. Mais, à notre avis, ces ouvrages pèchent par deux endroits.

Obéissant, sans doute, à un sentiment de respect bien légitime en soi, mais mal entendu dans son application, la plupart des reproducteurs de Lhomond ont cru devoir conserver intact le texte original; ils ont laissé subsister les inexactitudes, les fautes même qu'il voulaient corriger en se contentant de les signaler dans une note. Que résulte-t-il de cette inopportune discrétion ? L'élève retient fidèlement la règle qui est défectueuse et se garde bien de se rappeler la note.

Ce parti pris de suivre Lhomond pas à pas les a fait tomber dans une erreur plus grave encore. Sans vouloir tenir compte des progrès de la science grammaticale depuis Lhomond, ils ont maintenu les divisions souvent peu logiques, quelquefois fausses et contradictoires, qui jettent, il faut l'avouer, de la confusion et du décousu dans un livre si remarquable à tant d'autres égards.

Il nous a semblé qu'il était une autre manière d'interpréter Lhomond : c'était de lui emprunter tout ce qu'il a de bon, sa clarté d'exposition, la netteté de ses règles, la simplicité de ses exemples, mais en ramenant tout cela à des principes fondamentaux qui empêchassent l'esprit de l'élève de s'égarer dans un dédale de règles isolées qui le déroutent sans cesse, parce qu'il ne tient pas le fil conducteur. Ces principes fondamentaux sont les mêmes dans toutes les langues; la manière de les exprimer varie seule. Dans toutes les langues la proposition renferme trois termes, le sujet, le verbe et l'attribut; dans toutes les langues, le verbe est susceptible d'avoir un complément direct, indirect, ou circonstanciel; dans toutes les langues, enfin, les propositions sont liées entre elles par coordination ou subordination. L'élève a déjà appliqué ces principes à la langue française, il s'agit de les lui faire appliquer à la langue latine; mais il importe qu'il sache bien que ce sont les mêmes principes. Il sait comment ces divers rapports s'expriment en français; ce qu'il a de nouveau à apprendre, c'est de savoir comment on les exprime en latin. Nous aussi, nous avons mis largement Lhomond à contribution; nous avons reproduit ses règles en les modifiant au besoin, ses exemples en les complétant; mais ces règles, nous les avons toujours présentées au point de vue de la proposition; c'est comme partie de la proposition qu'elles sont venues se ranger naturellement les unes à la suite des autres; dans la syntaxe des propositions, c'est d'après la nature de la dépendance que nous avons rattaché à de grandes classifications cette multiplicité de règles sans lien, sans suite, et dont l'ensemble échappe par là même à de jeunes esprits : voilà notre seule innovation.

Notre méthode forme trois volumes distincts.

La Grammaire élémentaire, destinée aux commençants, contient l'exposé pur et simple des neuf espèces de mots et les règles fondamentales de la syntaxe.

La Grammaire abrégée, qui doit servir aux élèves plus avancés, comprend, en outre, presque tout ce qui se rapporte aux neuf espèces de mots, ainsi que les règles principales de la syntaxe des mots et des propositions.

Indépendamment des matières contenues dans les Eléments et l'Abrégé, la Grammaire complète renferme l'ensemble des règles de la grammaire latine; elle se termine par deux chapitres, l'un sur les gallicismes, l'autre sur la construction. Ce dernier chapitre, dont l'objet est si important dans la connaissance du latin, pourra, nous l'espérons, être de quelque utilité aux élèves, surtout s'il est expliqué et développé par le maître.

Nous répéterons ici ce que nous avons déjà dit dans l'avertissement de notre Grammaire française : la Grammaire élémentaire et la Grammaire abrégée ne diffèrent de la Grammaire complète que parce qu'elles renferment moins de matériaux; tout y est semblable : mêmes définitions, mêmes exemples. Nous avons procédé par suppression; l'élève n'aura donc rien à désapprendre, et, en abordant l'ouvrage complet, il ne fera qu'ajouter à ce qu'il sait déjà.

ÉLÉMENTS

DE LA

GRAMMAIRE LATINE

RAMENÉE AUX PRINCIPES LES PLUS SIMPLES

PREMIÈRE PARTIE.

INTRODUCTION.

1. Il y a en latin, comme en français, vingt-cinq lettres, six voyelles et dix-neuf consonnes.

Les voyelles sont : *a, e, i, o, u, y.*

Les consonnes sont : *b, c, d, f, g, h, j, k, l, m, n, p, q, r, s, t, v, x, z.*

On appelle *diphthongue* la réunion de deux sons en une seule syllabe. Ex. : *ui* dans *sanguinis.*

On appelle *voyelle composée* la réunion de *deux voyelles* qui ne produisent qu'un seul son. Les principales sont, en latin : *æ (ae), œ (oe), au, eu.*

2. Il y a, en latin, neuf espèces de mots, savoir : le *nom* ou *substantif*, l'*adjectif*, le *pronom*, le *verbe*, le *participe*, la *préposition*, l'*adverbe*, la *conjonction*, l'*interjection*.

Ces neuf espèces de mots se divisent en mots *variables* et en mots *invariables*.

Les mots *variables*, c'est-à-dire ceux dont la terminaison peut changer, sont : le *nom*, l'*adjectif*, le *pronom*, le *verbe*, le *participe*.

Les mots *invariables*, c'est-à-dire ceux dont la terminaison ne change jamais, sont : la *préposition*, l'*adverbe*, la *conjonction*, l'*interjection*.

CHAPITRE PREMIER

PREMIÈRE ESPÈCE DE MOTS.

—

LE NOM OU SUBSTANTIF.

3. Le nom ou substantif est un mot qui sert à nommer une personne ou une chose, comme *Pierre, Paul, livre, chapeau.*

Il y a deux sortes de noms : le nom *commun* et le nom *propre.*

Le nom *commun* est celui qui convient à toutes les personnes et à toutes les choses de même espèce.

Ex. : *Homo*, l'homme ; *domus*, la maison.

Le nom *propre* est celui qui s'applique à des personnes ou à des choses seules de leur espèce.

Ex. : *Roma*, Rome; *Tiberis*, le Tibre.

4. Il y a, en latin, trois choses à considérer dans les noms : le *genre*, le *nombre,* le *cas.*

Genre.

5. Il y a, en latin, trois genres : le *masculin*, le *féminin*, le *neutre.*

Les noms d'hommes ou d'animaux mâles sont du genre masculin.

Ex. : *Pater,* un père; *leo*, un lion.

Les noms de femmes ou de femelles sont du genre féminin.

Ex. : *Mater,* une mère; *lexna*, une lionne.

L'usage a ensuite assigné le genre masculin ou le genre féminin à des choses qui ne sont ni mâles ni femelles.

Ainsi *liber,* le livre, *labor,* le travail, sont du masculin; *mensa,* la table, *domus*, la maison, sont du féminin.

Outre le masculin et le féminin, communs aux deux langues, le latin admet un troisième genre qu'on appelle *neutre*. A ce genre appartiennent les noms qui ne sont ni masculins, ni féminins.

Ex. : *Cœlum,* le ciel; *templum,* le temple.

Nombre.

6. Il y a en latin, comme en français, deux nombres : le *singulier* et le *pluriel*.

Le *singulier* désigne une seule personne ou une seule chose.

Ex. : *Puer,* l'enfant; *rosa,* la rose.

Le *pluriel* désigne plusieurs personnes ou plusieurs choses.

Ex. : *Pueri,* les enfants; *rosæ,* les roses.

Cas.

7. En latin, les noms prennent des terminaisons différentes, tant au singulier qu'au pluriel.

Ainsi *rosa* fait au singulier *rosæ, rosam, rosa; rosæ* fait au pluriel *rosarum, rosis, rosas*.

Ces différentes terminaisons d'un même nom s'appellent *cas*.

Il y a en latin six cas, savoir : le *nominatif,* le *vocatif,* le *génitif,* le *datif,* l'*accusatif,* l'*ablatif*.

Réciter de suite les six cas d'un nom, s'appelle *décliner*.

Il y a en latin cinq déclinaisons, que l'on distingue par la désinence du génitif singulier et du génitif pluriel.

PREMIÈRE DÉCLINAISON.

---

8. La première déclinaison a le génitif singulier en *æ*, et le génitif pluriel en *arum*.

Presque tous les noms de cette déclinaison sont du féminin ; quelques-uns sont du masculin.

NOMBRE SINGULIER.

Nom.	Ros a (*f.*),	*la rose.*
Voc.	o Ros a,	*ô rose.*
Gén.	Ros æ,	*de la rose.*
Dat.	Ros æ,	*à la rose.*
Acc.	Ros am,	*la rose.*
Abl.	Ros ā,	*de la rose.*

NOMBRE PLURIEL.

Nom.	Ros æ,	*les roses.*
Voc.	o Ros æ,	*ô roses.*
Gén.	Ros arum,	*des roses.*
Dat.	Ros is,	*aux roses.*
Acc.	Ros as,	*les roses.*
Abl.	Ros is,	*des roses.*

Ainsi se déclinent :

NOMS FÉMININS.		NOMS MASCULINS.	
Aqu a, æ,	*l'eau.*	Aurig a, æ,	*le cocher.*
Herb a, æ,	*l'herbe.*	Colleg a, æ,	*le collègue.*
Hor a, æ,	*l'heure.*	Conviv a, æ,	*le convive.*
Mens a, æ,	*la table.*	Naut a, æ,	*le matelot.*
Port a, æ,	*la porte.*	Pirat a, æ,	*le pirate.*
Terr a, æ,	*la terre.*	Poet a, æ,	*le poëte.*

DEUXIÈME DÉCLINAISON.

9. La deuxième déclinaison a le génitif singulier en *i*, et le génitif pluriel en *orum*.

Cette déclinaison comprend des noms masculins et féminins en *us*, des noms masculins qui sont privés de la terminaison *us* au nominatif et au vocatif, et des noms neutres en *um*.

Noms masculins et féminins en US.

SINGULIER.

Nom.	Domin us (*m.*),	*le seigneur.*
Voc.	o Domin e,	*ô seigneur.*
Gén.	Domin i,	*du seigneur.*
Dat.	Domin o,	*au seigneur.*
Acc.	Domin um,	*le seigneur.*
Abl.	Domin o,	*du seigneur.*

PLURIEL.

Nom.	Domin i,	*les seigneurs.*
Voc.	o Domin i,	*ô seigneurs.*
Gén.	Domin orum,	*des seigneurs.*
Dat.	Domin is,	*aux seigneurs.*
Acc.	Domin os,	*les seigneurs.*
Abl.	Domin is,	*des seigneurs.*

Ainsi se déclinent :

NOMS MASCULINS.		NOMS FÉMININS.	
Hort us, i,	*le jardin.*	Popul us, i,	*le peuplier.*
Lup us, i,	*le loup.*	Aln us, i,	*l'aune.*
Cerv us, i,	*le cerf.*	Cupress us, i,	*le cyprès.*
Corv us, i,	*le corbeau.*	Alv us, i,	*le ventre.*

REMARQUE. — Presque tous les noms féminins en *us* de la deuxième déclinaison sont des noms d'arbres.

Autres noms masculins.

10. Quelques noms masculins de cette déclinaison sont privés de la terminaison *us,* au nominatif et au vocatif du singulier. Ils n'ont à ces deux cas que le radical simple, toujours terminé en *er* ou en *ir.*

SINGULIER.

Nom.	Puer (*m.*),	*l'enfant.*
Voc.	o Puer,	*ô enfant.*
Gén.	Puer i,	*de l'enfant.*
Dat.	Puer o,	*à l'enfant.*
Acc.	Puer um,	*l'enfant.*
Abl.	Puer o,	*de l'enfant.*

PLURIEL.

Nom.	Puer i,	*les enfants.*
Voc.	o Puer i,	*ô enfants.*
Gén.	Puer orum,	*des enfants.*
Dat.	Puer is,	*aux enfants.*
Acc.	Puer os,	*les enfants.*
Abl.	Puer is,	*des enfants.*

Ainsi se déclinent :

Gener, i,	*le gendre.*	Vir, i,	*l'homme.*
Socer, i,	*le beau-père.*	Triumvir, i,	*le triumvir.*

REMARQUE.—Parmi les noms en *er*, les uns gardent l'*e* du nominatif à tous les cas, comme *puer, pu-e-ri*, etc.; *gener, gen-e-ri*, etc.; les autres perdent cet *e*, excepté au vocatif singulier, comme *aper, ap-ri*, etc.; *ager, ag-ri*, etc.

11. Noms neutres en UM.

SINGULIER.

Nom.	Templ um (*n.*),	*le temple.*
Voc.	o Templ um,	*ô temple.*
Gén.	Templ i,	*du temple.*
Dat.	Templ o,	*au temple.*
Acc.	Templ um,	*le temple.*
Abl.	Templ o,	*du temple.*

PLURIEL.

Nom.	Templ a,	*les temples.*
Voc.	o Templ a,	*ô temples.*
Gén.	Templ orum,	*des temples.*
Dat.	Templ is,	*aux temples.*
Acc.	Templ a,	*les temples.*
Abl.	Templ is,	*des temples.*

Ainsi se déclinent :

Foli um, i,	*la feuille.*	Exempl um, i,	*l'exemple.*
Bell um, i,	*la guerre.*	Coll um, i,	*le cou.*

Viti um, i,	*le vice.*	Studi um, i,	*l'étude.*
Brachi um, i,	*le bras.*	Vin um, i,	*le vin.*

Remarques. — I. Dans les noms neutres, le nominatif, le vocatif et l'accusatif sont toujours semblables, et ces trois cas, au pluriel, sont toujours terminés en *a*. Il en est de même dans toutes les déclinaisons.

II. La terminaison *um* est celle des noms neutres de cette déclinaison; il faut y ajouter les trois noms suivants, qui sont en *us* : *virus*, le venin ; *pelagus*, la mer ; *vulgus*, le vulgaire. Ces trois noms n'ont pas de pluriel.

TROISIÈME DÉCLINAISON.

---

12. La troisième déclinaison a le génitif singulier en *is*, et le génitif pluriel en *um* ou *ium*.

Les noms de la troisième déclinaison sont *imparisyllabiques* ou *parisyllabiques*.

On appelle noms *imparisyllabiques* ceux qui, au génitif singulier, ont une syllabe de plus qu'au nominatif.

Les noms *parisyllabiques* sont ceux qui ont le même nombre de syllabes au génitif et au nominatif.

NOMS IMPARISYLLABIQUES.

Génitif pluriel en UM.

La plupart des noms imparisyllabiques ont le génitif pluriel en *um*.

Noms masculins et féminins.

SINGULIER.

Nom.	Labor (*m.*),	*le travail.*
Voc.	o Labor,	*ô travail.*
Gén.	Labor is,	*du travail.*
Dat.	Labor i,	*au travail.*
Acc.	Labor em,	*le travail.*
Abl.	Labor e,	*du travail.*

PLURIEL.

Nom.	Labor es,	*les travaux.*
Voc.	o Labor es,	*ô travaux.*
Gén.	Labor um,	*des travaux.*
Dat.	Labor ibus,	*aux travaux.*
Acc.	Labor es,	*les travaux.*
Abl.	Labor ibus,	*des travaux.*

Ainsi se déclinent :

MASCULINS.		FÉMININS.	
Dolor, dolor is,	*la douleur.*	Arbor, arbor is,	*l'arbre.*
Consul, consul is,	*le consul.*	Soror, soror is,	*la sœur.*
Passer, passer is,	*le moineau.*	Mulier, mulier is,	*la femme.*
Sol, sol is,	*le soleil.*	Uxor, uxor is,	*l'épouse.*

REMARQUES. — I. Le vocatif singulier est toujours semblable au nominatif.

II. Tous les noms en *or* sont masculins, excepté trois qui sont féminins (*arbor*, *soror*, *uxor*), et quatre qui sont neutres (*cor*, cœur; *ador*, blé ; *æquor*, plaine; *marmor*, marbre).

Noms neutres.

SINGULIER.

Nom.	Corpus (*n.*),	*le corps.*
Voc.	o Corpus,	*ô corps.*
Gén.	Corpor is,	*du corps.*
Dat.	Corpor i,	*au corps.*
Acc.	Corpus,	*le corps.*
Abl.	Corpor e,	*du corps.*

PLURIEL.

Nom.	Corpor a,	*les corps.*
Voc.	o Corpor a,	*ô corps.*
Gén.	Corpor um,	*des corps.*
Dat.	Corpor ibus,	*aux corps.*
Acc.	Corpor a,	*les corps.*
Abl.	Corpor ibus,	*des corps.*

Ainsi se déclinent :

Tempus,	tempor is,	*le temps.*
Nemus,	nemor is,	*le bois.*

Pecus,	pecor is,	*le troupeau.*
Pectus,	pector is,	*la poitrine.*

NOMS PARISYLLABIQUES.

Génitif pluriel en IUM.

La plupart des noms parisyllabiques ont le génitif pluriel en *ium*.

Noms masculins et féminins.

SINGULIER.

Nom.	Av is (*f.*),	*l'oiseau.*
Voc.	o Av is,	*ô oiseau.*
Gén.	Av is,	*de l'oiseau.*
Dat.	Av i,	*à l'oiseau.*
Acc.	Av em,	*l'oiseau.*
Abl.	Av e,	*de l'oiseau.*

PLURIEL.

Nom.	Av es,	*les oiseaux.*
Voc.	o Av es,	*ô oiseaux.*
Gén.	Av ium,	*des oiseaux.*
Dat.	Av ibus,	*aux oiseaux.*
Acc.	Av es,	*les oiseaux.*
Abl.	Av ibus,	*des oiseaux.*

Ainsi se déclinent :

Orb is, is, *m.* *le globe.* Mens is, is, *m.* *le mois.*

Noms neutres parisyllabiques.

Ablatif singulier en I.

Les noms neutres parisyllabiques ont l'ablatif singulier en *i*.

SINGULIER.

Nom.	Cubil e (*n.*),	*le lit.*
Voc.	o Cubil e,	*ô lit.*
Gén.	Cubil is,	*du lit.*
Dat.	Cubil i,	*au lit.*
Acc.	Cubil e,	*le lit.*
Abl.	Cubil i,	*du lit.*

PLURIEL.

Nom.	Cubil ia,	*les lits.*
Voc.	o Cubil ia,	*ô lits.*

Gén.	Cubil ium,	*des lits.*
Dat.	Cubil ibus,	*aux lits.*
Acc.	Cubil ia,	*les lits.*
Abl.	Cubil ibus,	*des lits.*

Ainsi se déclinent :

Altare, altar is,	*l'autel.*	Animal, is,	*l'animal.*
Mare, mar is,	*la mer.*	Vectigal, is,	*l'impôt.*

QUATRIÈME DÉCLINAISON.

---

13. La quatrième déclinaison a le génitif singulier en *ūs* et le génitif pluriel en *uum.*

Cette déclinaison comprend des noms masculins et féminins en *us* et des neutres en *u.*

SINGULIER.

Nom.	Man us (*f.*),	*la main.*
Voc.	o Man us,	*ô main.*
Gén.	Man ūs,	*de la main.*
Dat.	Man ui,	*à la main.*
Acc.	Man um,	*la main.*
Abl.	Man u,	*de la main.*

PLURIEL.

Nom.	Man ūs,	*les mains.*
Voc.	o Man ūs,	*ô mains.*
Gén.	Man uum,	*des mains.*
Dat.	Man ibus,	*aux mains.*
Acc.	Man ūs,	*les mains.*
Abl.	Man ibus,	*des mains.*

Ainsi se déclinent :

Fructus, ūs, *m.*	*le fruit.*	Vultus, ūs, *m.*	*le visage.*
Exercitus, ūs, *m.*	*l'armée.*	Currus, ūs, *m.*	*le char.*

Noms neutres.

Les noms neutres de la quatrième déclinaison conservent la même désinence *u* à tous les cas du singulier, mais au pluriel ils se déclinent régulièrement.

SINGULIER.

Nom.	Corn u (*n.*),	*la corne.*
Voc.	o Corn u,	*ô corne.*
Gén.	Corn ŭs [1],	*de la corne.*
Dat.	Corn u,	*à la corne.*
Acc.	Corn u,	*la corne.*
Abl.	Corn u,	*de la corne.*

PLURIEL.

Nom.	Corn ua,	*les cornes.*
Voc.	o Corn ua,	*ô cornes.*
Gén.	Corn uum,	*des cornes.*
Dat.	Corn ibus,	*aux cornes.*
Acc.	Corn ua,	*les cornes.*
Abl.	Corn ibus,	*des cornes.*

Ainsi se déclinent :

Gen u, *le genou.* Tonitr u, *le tonnerre.*

CINQUIÈME DÉCLINAISON.

14. La cinquième déclinaison a le génitif singulier en *ei*, et le génitif pluriel en *erum*.

Cette déclinaison ne comprend que des noms en *es*, qui sont tous féminins, excepté *dies*, jour, qui est masculin et féminin au singulier, mais masculin seulement au pluriel, et *meridies*, midi, qui est toujours masculin et sans pluriel.

SINGULIER.

Nom.	Di es (*m. f.*),	*le jour.*
Voc.	ô Di es,	*ô jour.*
Gén.	Di ei,	*du jour.*
Dat.	Di ei,	*au jour*
Acc.	Di em,	*le jour.*
Abl.	Di e,	*du jour*

(1) Le génitif *cornu* est douteux et ne doit pas être employé.

PLURIEL.

Nom.	Di es (*m.*),	*les jours.*
Voc.	o Di es,	*ô jours.*
Gén.	Di erum,	*des jours.*
Dat.	Di ebus,	*aux jours.*
Acc.	Di es,	*les jours.*
Abl.	Di ebus,	*des jours.*

Ainsi se déclinent :

Res, rei,	*la chose.*	Faci es, ei,	*le visage.*
Speci es, ei,	*l'apparence.*	Spes, spei,	*l'espérance.*

Remarque. — Le *génitif*, le *datif* et l'*ablatif* du pluriel ne sont pas usités, excepté dans les deux noms *dies* et *res*. Les autres noms ne peuvent donc avoir, au pluriel, que les cas en *es*.

Règle des noms.

Lorsque deux noms sont réunis par *de, du, de la, des*, on met le second au génitif.

Ex. : La main *de l'enfant*, manus *pueri;* le fruit *de l'arbre*, fructus *arboris;* la table *des seigneurs*, mensa *dominorum;* les livres *des enfants*, libri *puerorum*.

15. TABLEAU GÉNÉRAL DES CINQ DÉCLINAISONS.

SINGULIER.

1.	2.	3.	4.	5.
N. Rosa,	dominus,	labor,	manus,	dies.
V. o Rosa,	domine,	labor,	manus,	dies.
G. Rosæ,	domini,	laboris,	manûs,	diei.
D. Rosæ,	domino,	labori,	manui,	diei.
A. Rosam,	dominum,	laborem,	manum,	diem.
A. Rosâ,	domino,	labore,	manu,	die.

PLURIEL.

N. Rosæ,	domini,	labores,	manus,	dies.
V. o Rosæ,	domini,	labores,	manus,	dies.
G. Rosarum,	dominorum,	laborum,	manuum,	dierum.
D. Rosis,	dominis,	laboribus,	manibus,	diebus.
A. Rosas,	dominos,	labores,	manus,	dies.
A. Rosis,	dominis,	laboribus,	manibus,	diebus.

CHAPITRE II.

DEUXIÈME ESPÈCE DE MOTS.

L'ADJECTIF.

16. L'adjectif est un mot qui sert à qualifier ou à déterminer les personnes et les choses.

De là deux sortes d'adjectifs : les adjectifs *qualificatifs* et les adjectifs *déterminatifs*.

Adjectifs qualificatifs.

17. Les adjectifs *qualificatifs* sont ceux qui servent à exprimer les qualités des personnes et des choses.

Les adjectifs qualificatifs prennent le cas, le genre et le nombre des noms auxquels ils sont joints ; ils se déclinent donc comme les noms.

On les divise en deux classes, selon la déclinaison qu'ils suivent.

La première classe comprend les adjectifs qui suivent la première et la deuxième déclinaison, comme *bonus, bona, bonum ; niger, nigra, nigrum*. La terminaison en *us* ou en *er* est pour le masculin et se décline sur *dominus* ou *puer ;* la terminaison en *a* est pour le féminin et se décline sur *rosa ;* la terminaison en *um* est pour le neutre et se décline sur *templum*.

La deuxième classe comprend les adjectifs qui suivent la troisième déclinaison.

PREMIÈRE CLASSE.

18. Adjectifs en US.

SINGULIER.

Nom.	*m.* Bon us, *Bon.*	*f.* bon a, *bonne.*	*n.* bon um.

Voc.	Bon e,	bon a,	bon um.
Gén.	Bon i,	bon æ,	bon i.
Dat.	Bon o,	bon æ,	bon o.
Acc.	Bon um,	bon am,	bon um.
Abl.	Bon o,	bon ā,	bon o.

PLURIEL.

Nom.	*m.* Bon i,	*f.* bon æ,	*n.* bon a.
	Bons,	*bonnes.*	
Voc.	Bon i,	bon æ,	bon a.
Gén.	Bon orum,	bon arum,	bon orum.
Dat.	Bon is,	bon is,	bon is.
Acc.	Bon os,	bon as,	bon a.
Abl.	Bon is,	bon is,	bon is.

Ainsi se déclinent :

Sanctus, sancta, sanctum, *saint*, *sainte*.
Doctus, docta, doctum, *savant*, *savante*.
Magnus, magna, magnum, *grand*, *grande*.
Parvus, parva, parvum, *petit*, *petite*.

19. Adjectifs en ER.

SINGULIER.

Nom.	*m.* Niger,	*f.* nigr a,	*n.* nigr um.
	Noir.	*noire.*	
Voc.	Niger,	nigr a,	nigr um.
Gén.	Nigr i,	nigr æ,	nigr i.
Dat.	Nigr o,	nigr æ,	nigr o.
Acc.	Nigr um,	nigr am,	nigr um.
Abl.	Nigr o,	nigr a,	nigr o.

PLURIEL.

Nom.	Nigr i,	nigr æ,	nigr a.
	Noirs.	*noires.*	
Voc.	Nigr i,	nigr æ,	nigr a.
Gén.	Nigr orum,	nigr arum,	nigr orum.
Dat.	Nigr is,	nigr is,	nigr is.
Acc.	Nigr os,	nigr as,	nigr a.
Abl.	Nigr is,	nigr is,	nigr is.

Ainsi se déclinent :

Pulcher, pulchr a, pulchr um, *beau, belle.*
Piger, pigr a, pigr um, *paresseux, paresseuse.*
Miser, miser a, miser um, *malheureux, malheureuse.*
Liber, liber a, liber um, *libre.*

Remarque. — Parmi les adjectifs en *er* les uns perdent l'*e* du nominatif et du vocatif masculin à tous les cas, comme *niger, nig-ra, nig-rum ;* les autres gardent cet *e* à tous les cas, comme *miser, mis-e-ra, mis-e-rum.*

DEUXIÈME CLASSE.

20. Ces adjectifs n'ont au singulier qu'une seule terminaison pour les trois genres, excepté à l'accusatif où ils en ont deux. Au pluriel, ils ont la même terminaison pour le masculin et le féminin, et les trois cas semblables du neutre sont en *ia.*

L'ablatif singulier est en *e* ou en *i*, et le génitif pluriel généralement en *ium.*

SINGULIER.

	m. f. n.
Nom.	Prudens, *prudent, prudente.*
Voc.	Prudens,
Gén.	Prudent is,
Dat.	Prudent i,
	m. f. *n.*
Acc.	Prudent em, prudens.
Abl.	Prudent e *ou* prudent i, *pour les trois genres.*

PLURIEL.

	m. f. *n.*
Nom.	Prudent es, prudent ia, *prudents, prudentes*
Voc.	Prudent es, *n.* prudent ia.
Gén.	Prudent ium, } *pour les trois genres*
Dat.	Prudent ibus, }
Acc.	Prudent es, *n.* prudent ia.
Abl.	Prudent ibus, *pour les trois genres.*

Ainsi se déclinent :

Sapiens, sapient is, *sage*.
Felix, felic is, *heureux*, *heureuse*.
Audax, audac is, *hardi*, *hardie*.
Velox, veloc is, *prompt*, *prompte*.

Autre.

21. Ces adjectifs ont au nominatif deux terminaisons : la première, *is*, pour le masculin et le féminin, se décline sur *avis ;* la seconde, *e*, pour le neutre, sur *cubile*.

L'ablatif singulier est toujours en *i* et le génitif pluriel en *ium*.

SINGULIER.

	m. f. *n.*
Nom.	Fort is, fort e, *courageux, courageuse*.
Voc.	Fort is, *n.* fort e.
Gén.	Fort is, } *pour les trois genres.*
Dat.	Fort i, }
Acc.	Fort em, *n.* fort e.
Abl.	Fort i, *pour les trois genres*.

PLURIEL.

	m. f. *n.*
Nom.	Fort es, fort ia, *courageux, courageuses*.
Voc.	Fort es, *n.* fort ia.
Gén.	Fort ium, } *pour les trois genres.*
Dat.	Fort ibus, }
Acc.	Fort es, *n.* fort ia.
Abl.	Fort ibus, *pour les trois genres*.

Ainsi se déclinent :

Utilis, utile, *utile*. Facilis, e, *facile*.
Comis, come, *poli*. Levis, leve, *léger*.

Remarque. — Les adjectifs de la troisième déclinaison qui ont le nominatif neutre en *e*, font l'ablatif en *i*, afin que l'on puisse distinguer ces deux cas.

22. D'autres adjectifs de cette classe ont trois terminaisons au nominatif et au vocatif du singulier : la première en *er*, pour le masculin ; la seconde en *is*, pour le féminin ; la troisième en *e*, pour le neutre ; à tous les autres cas ils se déclinent comme *fortis*.

SINGULIER.

	m. *f.* *n.*
Nom.	Celeber, celebr is, celebr e, *célèbre.*
Voc.	Celeber, celebr is, *n.* celebr e.
Gén.	Celebr is, } *pour les trois genres.*
Dat.	Celebr i, }
Acc.	Celebr em, *n.* celebr e.
Abl.	Celebr i, *pour les trois genres.*

PLURIEL.

	m. f. *n.*
Nom.	Celebr es, celebr ia, *célèbres.*
Voc.	Celebr es, *n.* celebr ia.
Gén.	Celebr ium, } *de tout genre.*
Dat.	Celebr ibus, }
Acc.	Celebr es, *n.* celebria.
Abl.	Celebr ibus, *pour les trois genres.*

Ainsi se déclinent :

1 Acer, acris, acre, *aigre, vif.*
2 Alacer, alacris, alacre, *gai, alerte.*
3 Celer, celeris, celere, *prompt.*

RÈGLE DES ADJECTIFS.

Pater bonus.

L'adjectif s'accorde en genre, en nombre et en cas avec le nom auquel il est joint.

Ex. : Le père bon, *pater bonus;* — la mère bonne, *mater bona ;* — l'exemple bon, *exemplum bonum.*

Bonus est au masculin, parce que *pater* est du masculin ; *bona* est au féminin, parce que *mater* est du féminin ; *bonum* est au neutre, parce que *exemplum* est du neutre.

On dira de même : *patris boni,* du père bon ; *patri bono,* au père bon ; *patrem bonum*, le père bon, etc.

DEGRÉS DE SIGNIFICATION DANS LES ADJECTIFS.

23. On distingue dans les adjectifs trois degrés de signification : le *positif,* le *comparatif,* le *superlatif.*

POSITIF.	Saint, savant,	*Sanctus, doctus.*
COMPARATIF.	Plus saint, plus savant,	*Sanctior, doctior.*
SUPERLATIF.	Le plus saint, très-savant.	*Sanctissimus, doctissimus.*

FORMATION DU COMPARATIF.

24. Le comparatif de supériorité se forme en latin du radical de l'adjectif, auquel on ajoute *ior* pour le masculin et le féminin, et *ius* pour le neutre.

Ainsi du radical *sanct* on formera *sanct ior,* masculin et féminin, *sanct ius*, neutre; du radical *fort* on formera *fort ior*, masculin et féminin, *fort ius*, neutre.

Sanctior se décline sur *labor*, et *sanctius* sur *corpus*.

Doctior Petro.

Après un comparatif on supprime le *que*, et on met le nom à l'ablatif.

Ex. : Plus savant que Pierre, *doctior Petro.*

On peut aussi exprimer *que* par *quam*, et le second nom se met au même cas que le premier.

Ex. : Paul est plus savant que Pierre, *Paulus est doctior quam Petrus.*

FORMATION DU SUPERLATIF.

25. Le superlatif latin se forme aussi du radical de l'adjectif auquel on ajoute *issimus, issima, issimum.*

Ainsi du radical *sanct* on formera *sanct issimus, a, um*; du radical *fort* on formera *fort issimus, a, um.*

Tous les superlatifs se déclinent sur *bonus, a, um.*

Altissima arborum, *ou* **ex arboribus,** *ou* **inter arbores.**

Après un superlatif, le nom pluriel se met au génitif, ou à l'ablatif avec *e* ou *ex*, ou à l'accusatif avec *inter*.

Ex. : Le plus haut des arbres, *altissima arborum,* ou *ex arboribus,* ou *inter arbores.*

Remarque. — Le superlatif prend le genre du nom pluriel qui suit : *altissima* est au féminin parce que *arborum* est du féminin.

Adjectifs déterminatifs.

26. Il y a en latin six sortes d'adjectifs déterminatifs : les adjectifs *numéraux,* les adjectifs *démonstratifs,* les adjectifs *possessifs,* les adjectifs *conjonctifs,* les adjectifs *interrogatifs* et les adjectifs *indéfinis.*

ADJECTIFS NUMÉRAUX.

27. Il y a deux sortes d'adjectifs numéraux : les adjectifs numéraux *cardinaux,* les adjectifs numéraux *ordinaux.*

I. Adjectifs numéraux cardinaux.

Les trois premiers se déclinent.

UNUS, un.

SINGULIER.

Nom.	Unus, una, unum,	*un, une.*
Gén.	Unius,	*de tout genre.*
Dat.	Uni,	*de tout genre.*
Acc.	Unum, unam, unum.	
Abl.	Uno, unā, uno.	

DUO, deux.

Nom.	Duo,	duæ,	duo,	*deux.*
Gén.	Duorum,	duarum,	duorum,	*de deux.*
Dat.	Duobus,	duabus,	duobus,	*à deux.*
Acc.	Duos *ou* duo,	duas,	duo,	*deux.*
Abl.	Duobus,	duabus,	duobus,	*de deux.*

Ainsi se déclinent *ambo, ambæ, ambo,* les deux, tous deux.

TRES, trois.

Nom.	Tres,	tres,	tria,	*trois.*
Gén.	Trium,	*de tout genre.*		
Dat.	Tribus,	*de tout genre.*		
Acc.	Tres,	tres,	tria.	
Abl.	Tribus, *de tout genre.*			

Les autres nombres cardinaux sont indéclinables, jusqu'à cent. En voici le tableau :

	13. Tredecim.	21. Unus et viginti.
4. Quatuor.	14. Quatuordecim.	22. Duo et viginti (1).
5. Quinque.	15. Quindecim.	30. Triginta.
6. Sex.	16. Sexdecim.	40. Quadraginta.
7. Septem.	17. Septemdecim.	50. Quinquaginta.
8. Octo.	18. { Decem et octo. / Duodeviginti.	60. Sexaginta.
9. Novem.		70. Septuaginta.
10. Decem.	19. { Decem et novem. / Undeviginti.	80. Octoginta.
11. Undecim.		90. Nonaginta.
12. Duodecim.	20. Viginti.	100. Centum.

Depuis cent jusqu'à mille, les nombres cardinaux se déclinent sur *boni, æ, a.*

200. Ducenti, æ, a.	600. Sexcenti, æ, a.
300. Trecenti, æ, a.	700. Septingenti, æ, a.
400. Quadringenti, æ, a.	800. Octingenti, æ, a.
500. Quingenti, æ, a.	900. Nongenti, æ, a.

Mille, mille, est indéclinable. Le pluriel *millia* est un nom neutre qui se décline *millia, millium, millibus*, et se multiplie par les nombres cardinaux.

Duo millia,	2000	Decem millia,	10000
Tria millia,	3000	Centum millia,	100000

II. Adjectifs numéraux ordinaux.

A l'exception des deux premiers, les nombres ordinaux se forment des nombres cardinaux correspondants. Ils se déclinent sur *bonus, a, um.* En voici le tableau :

	10e Decimus, a, um.	
1er Primus, a, um.	11e Undecimus.	
2e Secundus.	12e Duodecimus.	20e Vicesimus, a, um.
3e Tertius.	13e Tertius decimus.	30e Tricesimus.
4e Quartus.	14e Quartus decimus.	40e Quadragesimus.
5e Quintus.	15e Quintus decimus.	50e Quinquagesimus.
6e Sextus.	16e Sextus decimus.	60e Sexagesimus.
7e Septimus.	17e Septimus decimus.	70e Septuagesimus.
8e Octavus.	18e { Octavus decimus. / Duodevicesimus.	80e Octogesimus.
9e Nonus.	19e { Nonus decimus. / Undevicesimus.	90e Nonagesimus.

De *centième* à *millième* la formation est régulière. Au-

(1) Entre *vingt* et *cent* le plus petit nombre se place le premier avec *et*, ou le second sans *et : duo et viginti* ou *viginti duo.* — Au delà de *cent*, le plus grand nombre se place toujours le premier, avec ou sans *et : centum et viginti*, ou *centum viginti.*

dessus de *millième*, on ajoute à *millesimus* les adverbes *bis*, deux fois; *ter*, trois fois, et ainsi de suite.

100e	Centesimus.	900e	Nongentesimus.
200e	Ducentesimus.	1000e	Millesimus.
300e	Trecentesimus.	2000e	Bis millesimus.
400e	Quadringentesimus.	3000e	Ter millesimus.
500e	Quingentesimus.	4000e	Quater millesimus.
600e	Sexcentesimus.	5000e	Quinquies millesimus.
700e	Septingentesimus.	10000e	Decies millesimus.
800e	Octingentesimus.		Etc., etc.

28. ADJECTIFS OU PRONOMS DÉMONSTRATIFS.

SINGULIER.

	m. f. n.
Nom.	Is, ea, id, *ce, cet, cette; il, elle, ce.*
Gén.	Ejus, } *de tout genre.*
Dat.	Ei, }
Acc.	Eum, eam, id.
Abl.	Eo, eā, eo.

PLURIEL.

Nom.	Ii, eæ, ea, *ces; ils, elles, ces choses.*
Gén.	Eorum, earum, eorum.
Dat.	Iis *ou* eis, *de tout genre.*
Acc.	Eos, eas, ea.
Abl.	Iis *ou* eis, *de tout genre.*

Autre.

SINGULIER.

	m. f. n.
Nom.	Hic, hæc, hoc, *ce, cet, cette; celui-ci, celle-ci, ceci.*
Gén.	Hujus, } *de tout genre.*
Dat.	Huic, }
Acc.	Hunc, hanc, hoc.
Abl.	Hoc, hāc, hoc.

PLURIEL.

Nom.	Hi, hæ, hæc, *ces; ceux-ci.*
Gén.	Horum, harum, horum.
Dat.	His, *de tout genre.*
Acc.	Hos, has, hæc.
Abl.	His, *de tout genre.*

Autre.

SINGULIER.

	m. *f.* *n.*
Nom.	Ille, illa, illud, *ce, cet, cette; celui-là, celle-là, cela.*
Gén.	Illius, } *de tout genre.*
Dat.	Illi, }
Acc.	Illum, illam, illud.
Abl.	Illo, illā, illo.

PLURIEL.

Nom.	Illi, illæ, illa, *ces; ceux-là.*
Gén.	Illorum, illarum, illorum.
Dat.	Illis, *de tout genre.*
Acc.	Illos, illas, illa.
Abl.	Illis, *de tout genre.*

Autre.

m. *f.* *n.*

Nom. Iste, ista, istud, *ce, cet, cette; celui-là.*

Cet adjectif se décline entièrement sur *ille, illa, illud.*

Ipse. Idem.

29. A ces adjectifs se rattachent les deux suivants : *ipse, ipsa, ipsum,* même, et *idem, eadem, idem,* le même.

Ipse se décline comme *ille,* excepté au neutre qui est en *um* au lieu d'être en *ud.*

SINGULIER.

	m. *f.* *n.*
Nom.	Ipse, ipsa, ipsum, *même; moi-même, toi-même, lui-même, elle-même, cela même.*
Gén.	Ipsius, } *de tout genre.*
Dat.	Ipsi, }
Acc.	Ipsum, ipsam, ipsum.
Abl.	Ipso, ipsā, ipso.

PLURIEL.

Nom.	Ipsi, ipsæ, ipsa, *mêmes; nous-mêmes,* etc.
Gén.	Ipsorum, ipsarum, ipsorum.

Dat.	Ipsis, *de tout genre.*
Acc.	Ipsos, ipsas, ipsa.
Abl.	Ipsis, *de tout genre.*

SINGULIER.

Nom.	Idem, eadem, idem, *le même, la même.*	
Gén.	Ejusdem,	*de tout genre.*
Dat.	Eidem,	
Acc.	Eundem, eandem, idem.	
Abl.	Eodem, eādem, eodem.	

PLURIEL.

Nom.	Iidem,	eædem,	eadem, *les mêmes.*
Gén.	Eorundem,	earundem,	eorundem.
Dat.	Iisdem *ou*	eisdem, *de tout genre.*	
Acc.	Eosdem,	easdem,	eadem.
Abl.	Iisdem *ou*	eisdem, *de tout genre.*	

Remarque. — Il ne faut pas confondre *ipse,* même, avec *idem,* le même. *Ipse rex* veut dire *le roi même, le roi en personne : idem rex* signifie *le même roi.*

30. ADJECTIFS OU PRONOMS POSSESSIFS.

SINGULIER.

	m. *f.* *n.*
Nom.	Meus, mea, meum, *mon, ma; le mien, la mienne.*
Voc.	Mi, mea, meum.
Gén.	Mei, meæ, mei.
Dat.	Meo, meæ, meo.
Acc.	Meum, meam, meum.
Abl.	Meo, meā, meo.

PLURIEL.

Nom.	Mei, meæ, mea, *mes ; les miens, les miennes.*
Voc.	Mei, meæ, mea.
Gén.	Meorum, mearum, meorum.
Dat.	Meis, *de tout genre.*
Acc.	Meos, meas, mea.
Abl.	Meis, *de tout genre.*

Ainsi se déclinent :

Tuus, a, um, *ton, ta ; le tien, la tienne.*
Suus, a, um, *son, sa ; le sien, la sienne.*
Cujus, a, um, *à qui?*

Ces mots n'ont pas de vocatif.

SINGULIER.

	m. *f.* *n.*
Nom.	Noster, nostra, nostrum, *notre; le nôtre, la nôtre.*
Voc.	Noster, nostra, nostrum.
Gén.	Nostri, nostræ, nostri.
Dat.	Nostro, notsræ, nostro.
Acc.	Nostrum, nostram, nostrum.
Abl.	Nostro, nostrā, nostro.

PLURIEL.

Nom.	Nostri, nostræ, nostra, *nos ; les nôtres.*
Voc.	Nostri, nostræ, nostra.
Gén.	Nostrorum, nostrarum, nostrorum.
Dat.	Nostris, *de tout genre.*
Acc.	Nostros, nostras, nostra.
Abl.	Nostris, *de tout genre.*

Déclinez de même : Vester, vestra, vestrum, *votre ;* le *vôtre,* etc.

31. — ADJECTIFS OU PRONOMS CONJONCTIFS.

SINGULIER.

	m. *f.* *n.*
Nom.	Qui, quæ, quod, *lequel, laquelle, qui, que.*
Gén.	Cujus, } *de tout genre.*
Dat.	Cui, } *de tout genre.*
Acc.	Quem, quam, quod.
Abl.	Quo, quā, quo.

PLURIEL.

Nom.	Qui, quæ, quæ, *lesquels, lesquelles, qui, que.*
Gén.	Quorum, quarum, quorum.

Dat. Quibus (queis, *par contract.* quis), *de tout genre.*
Acc. Quos, quas, quæ.
Abl. Quibus (queis, *par contract.* quis), *de tout genre.*

Règle du *QUI* relatif.

Le relatif *qui, quæ, quod,* s'accorde en genre et en nombre, mais non en cas, avec son antécédent.

Ex. : Le père qui, *pater qui;* du père qui, *patris qui;* au père qui, *patri qui.* — La mère qui, *mater quæ;* de la mère qui, *matris quæ.* — Le temple qui, *templum quod;* du temple qui, *templi quod.*

32. — ADJECTIFS OU PRONOMS INTERROGATIFS.

SINGULIER.

	m.	*f.*	*n.*
Nom.	Quis (*et* qui),	quæ,	quid (*et* quod)? *quel, lequel, qui, quoi, que?*
Gén.	Cujus? } *de tout genre.*		
Dat.	Cui? }		
Acc.	Quem,	quam,	quid (*et* quod)?
Abl.	Quo,	quā,	quo?

PLURIEL.

Nom. Qui, quæ, quæ? *quels, lesquels, qui?*
Gén. Quorum, quarum, quorum?
Dat. Quibus? *de tout genre.*
Acc. Quos, quas, quæ?
Abl. Quibus? *de tout genre.*

ADJECTIFS OU PRONOMS INDÉFINIS.

33. La plupart de ces adjectifs sont composés de *qui* et de *quis.*

COMPOSÉS DE *Qui.*

Dans les composés de *qui*, on décline seulement *qui;* les autres syllabes restent les mêmes.

1° Quicunque.

	m.	*f.*	*n.*
Nom.	Quicunque,	quæcunque,	quodcunque, *quiconque, tout homme qui, tout ce qui.*

Gén. Cujuscunque. *Dat.* Cuicunque, *de tout genre*, etc.

2° Quilibet.

m. *f.* *n.*

Nom. Quilibet, quælibet, quidlibet *et* quodlibet, *qui l'on voudra, le premier venu, n'importe quoi.*

Gén. Cujuslibet. *Dat.* Cuilibet, *de tout genre,* etc.

3° Quivis.

Nom. Quivis, quævis, quidvis *et* quodvis. *Gén.* Cujusvis. *Dat.* Cuivis, etc., *même signification.*

4° Quidam.

m. *f.* *n.*

Nom. Quidam, quædam, quiddam *et* quoddam, *un certain.*

Gén. Cujusdam. *Dat.* Cuidam, *de tout genre,* etc.

COMPOSÉS DE *Quis.*

On décline seulement *quis;* les autres syllabes restent les mêmes.

1° Quisnam.

Nom. Quisnam? quænam? quidnam (*et* quodnam)? *quel, quelle, quelle chose? qui?*

Gén. Cujusnam. *Dat.* Cuinam, *de tout genre*, etc.

2° Quispiam.

Nom. Quispiam, quæpiam, quidpiam (*et* quodpiam), *quelqu'un, quelqu'une, quelque chose.*

Gén. Cujuspiam. *Dat.* Cuipiam, *de tout genre,* etc.

3° Quisquam.

Nom. Quisquam (pas de féminin), quidquam (ou quicquam), *quelque, qui que ce soit.*

Gén. Cujusquam. *Dat.* Cuiquam, *de tout genre,* etc. (manque de pluriel).

4° Quisque.

Nom. Quisque, quæque, quidque (*et* quodque), *chaque, chacun, chacune.*

Gén. Cujusque. *Dat.* Cuique, *de tout genre*, etc.

5° Quisquis.

Nom. Quisquis (pas de féminin), quidquid *ou* quicquid, *qui que ce soit qui, tout ce qui* ou *tout ce que.*

Parmi les autres cas, il n'y a que les suivants :

Acc. sing. Quemquem. *Abl.* Quoquo. *Nom. plur.* Quiqui.

6° Aliquis et ecquis.

Dans ces deux composés, *quis* est à la fin, et le nominatif singulier féminin, ainsi que les trois cas semblables du pluriel neutre sont en *a*.

Nom. Aliquis (aliqui), aliqua, aliquid (*et* aliquod), *quelque, quelqu'un, quelque chose.*

Gén. Alicujus. *Dat.* Alicui, *de tout genre*, etc.

Pluriel. Aliqui, aliquæ, aliqua, etc. Devant un nom de personnes ou de choses qui se comptent, on emploie le plus souvent *Aliquot* (indéclinable).

Nom. Ecquis? (ecqui?). ecqua? (ecquæ?) (ecquid?) *et* (ecquod?) *y a-t-il quelqu'un qui?*

Gén. Eccujus? *Dat.* Eccui?

Pluriel. Ecqui? Ecquæ? Ecqua?

7° Unusquisque.

Dans Unusquisque, *chacun,* on décline *Unus* et *quisque.*

Nom. Unusquisque, unaquæque, unumquodque.

Gén. Uniuscujusque, } *de tout genre.*
Dat. Unicuique, }

Acc. Unumquemque, unamquamque, unumquodque.

Abl. Unoquoque, unāquaque, unoquoque.

AUTRES ADJECTIFS INDÉFINIS.

A ces adjectifs il faut ajouter *plures,* plusieurs.

Les suivants ont le génitif singulier en *ius* et le datif en *i;* ils se déclinent entièrement sur *unus, una, unum.*

1° Ullus, ulla, ullum, *aucun, aucune,* sans négation. *Gén.* Ullius. *Dat.* Ulli. *Acc.* Ullum, ullam, ullum. *Abl.* Ullo, ullā, ullo.

2° Nullus, nulla, nullum, *aucun, aucune,* avec négation, *pas un.* *Gén.* Nullius. *Dat.* Nulli, etc.

3° Solus, sola, solum, *seul, seule.* *Gén.* Solius. *Dat.* Soli. *Acc.* Solum, solam, solum. *Abl.* Solo, solā, solo.

4° Totus, tota, totum, *tout, tout entier, toute.* *Gén.* Totius. *Dat.* Toti, etc.

5° Alius, alia, aliud, *autre, un autre* (en parlant de plusieurs). *Gén.* Alius. *Dat.* Alii, etc.

6° Alter, altera, alterum, *l'autre* (en parlant de deux). *Gén.* Alterius. *Dat.* Alteri, etc.

7° Uter, utra, utrum, *lequel des deux? celui des deux qui. Gén.* Utrius. *Dat.* Utri, etc.

8° Neuter, neutra, neutrum, *ni l'un ni l'autre* (en parlant de deux), *aucun des deux. Gén.* Neutrius. *Dat.* Neutri, etc.

9° Alteruter, alterutra, alterutrum, *l'un des deux, l'un ou l'autre* (en parlant de deux). — (En parlant de plus de deux, *l'un ou l'autre* se traduit par *unus, unus aliquis, quilibet, quivis*). — *Gén.* Alterutrius. *Dat.* Alterutri, etc. On ne décline que *uter*.

10° Uterque, utraque, utrumque, *l'un et l'autre* (en parlant de deux). *Gén.* Utriusque. *Dat.* Utrique, etc. — Utervis, utravis, utrumvis, *lequel des deux vous voudrez;* Uterlibet, utralibet, utrumlibet, *qui des deux il vous plaira;* Utercunque, utracunque, utrumcunque, *quel que soit celui des deux qui;* ces composés se déclinent sur *uter*.

CHAPITRE III.

TROISIÈME ESPÈCE DE MOTS.

—

LE PRONOM.

34. Le *pronom* est un mot qui tient la place d'un nom.

Il y a trois personnes : la première personne est celle qui parle, la deuxième est celle à qui l'on parle, la troisième est celle de qui l'on parle.

Les pronoms se divisent en pronoms *personnels* et en pronoms *adjectifs*.

PRONOMS PERSONNELS.

Pronom de la première personne.

SINGULIER.

Nom.	Ego, *je* ou *moi*. (Pas de vocatif.)
Gén.	Mei, *de moi.*
Dat.	Mihi, *à moi.*
Acc.	Me, *moi.*
Abl.	Me, *de moi.*

PLURIEL.

Nom.	Nos, *nous.*
Gén.	Nostrum *ou* nostri, *de nous.*
Dat.	Nobis, *à nous.*
Acc.	Nos, *nous.*
Abl.	Nobis, *de nous.*

Pronom de la deuxième personne.

SINGULIER.

Nom.	Tu, *tu* ou *toi.*
Voc.	o Tu, *ô toi.*
Gén.	Tui, *de toi.*
Dat.	Tibi, *à toi.*
Acc.	Te, *toi.*
Abl.	Te, *de toi.*

PLURIEL.

Nom.	Vos, *vous.*
Voc.	o Vos, *ô vous.*
Gén.	Vestrum *ou* vestri, *de vous.*
Dat.	Vobis, *à vous.*
Acc.	Vos, *vous.*
Abl.	Vobis, *de vous.*

Remarque. — Souvent, en français, la politesse veut qu'on emploie *vous*, quoique en ne parlant qu'à une seule personne; en latin on dit toujours *tu.*

Pronom de la troisième personne.

Le pronom français de la troisième personne se rend en latin par l'un des *pronoms* démonstratifs *is, ea, id; hic, hæc, hoc; ille, illa, illud; iste, ista, istud.*

Pronom réfléchi.

35. Il n'a pas de nominatif ni de vocatif; il est de tout genre, et le même au pluriel qu'au singulier.

SINGULIER ET PLURIEL.

Gén. Sui, *de soi, de lui-même, d'eux-mêmes* ou *d'elles-mêmes.*

Dat. Sibi, *à soi, à lui-même, à eux-mêmes, à elles-mêmes.*
Acc. Se, *se, soi, lui-même, eux-mêmes, elles-mêmes.*
Abl. Se, *de soi, d'eux-mêmes, d'elles-mêmes.*

PRONOMS ADJECTIFS.

36. On a vu (§ 26 et suiv.) que les adjectifs *démonstratifs*, *possessifs, conjonctifs* et *indéfinis*, deviennent *pronoms* lorsqu'ils ne sont pas suivis d'un nom.

Les exemples suivants feront sentir la différence de ce double rôle.

ADJECTIFS.	PRONOMS.
Hoc templum pulchrum est.	*Hoc* miror.
Cette église est belle.	Je l'admire.
Meus pater ægrotat.	*Tuus* valet.
Mon père est malade.	Le vôtre est en bonne santé.
Quem puerum amas?	Amo puerum *qui* paret.
Quel enfant aimez-vous?	J'aime l'enfant qui obéit.
Multi homines pollicentur.	*Pauci* præstant.
Beaucoup de gens font des promesses.	Peu les tiennent.

CHAPITRE IV.

QUATRIÈME ESPÈCE DE MOTS

LE VERBE.

37. On a vu jusqu'ici que le nom désigne les personnes et les choses, et que l'adjectif sert à les qualifier : *Rome belle;* mais ces deux mots ne suffisent pas pour exprimer une pensée complète.

Si l'on juge que la qualité de *belle* convient à Rome, il faut recourir à un troisième mot, et dire : Rome *est* belle. Ce troisième mot, c'est le *verbe*.

La personne ou la chose qui est l'objet du jugement (Rome), s'appelle *sujet*.

La qualité que l'on juge convenir au sujet (belle), se nomme *attribut*.

Le *verbe* est le mot par lequel on affirme que l'attribut convient au sujet (est).

La réunion de ces trois termes : *sujet*, *verbe*, *attribut*, forme une *proposition*.

38. Il y a quatre choses à considérer dans les verbes : les *nombres*, les *personnes*, les *temps* et les *modes*.

Nombres.

39. Il y a *deux nombres* pour les verbes comme pour les noms : le *singulier*, quand il s'agit d'une seule personne ou d'une seule chose : *Puer dormit*, l'enfant dort ; le *pluriel*, quand il s'agit de plusieurs personnes ou de plusieurs choses : *Pueri dormiunt*, les enfants dorment.

Personnes.

40. Il y a *trois personnes* dans les verbes, et ces personnes sont indiquées par les noms ou les pronoms.

Je, *nous*, marquent la *première* personne, c'est-à-dire celle qui parle.

Tu, *vous*, marquent la *seconde* personne, c'est-à-dire celle à qui l'on parle.

Il, *elle*, ou un nom au singulier; *ils*, *elles*, ou un nom au pluriel, marquent la *troisième* personne, c'est-à-dire celle de qui l'on parle.

Temps.

41. Il y a *trois temps* principaux :

Le *présent*, qui marque que la chose *est* ou *se fait* au moment de la parole, comme *je lis*.

Le *passé*, qui marque que la chose *a été faite*, comme *j'ai lu*.

Le *futur*, qui marque que la chose *sera* ou *se fera*, comme *je lirai*.

On distingue en latin trois sortes de passés ou parfaits : l'*imparfait*, le *parfait*, le *plus-que-parfait*.

L'IMPARFAIT exprime une chose actuellement passée,

mais qui n'était pas passée quand une autre s'est faite : *je lisais* quand on m'a appelé.

Le PARFAIT exprime une chose passée, achevée : *j'ai lu* hier (1).

Le PLUS-QUE-PARFAIT exprime une chose passée faite avant une autre qui est également passée : *j'avais fini* lorsqu'il arriva.

On distingue deux futurs, le *futur simple* et le *futur antérieur*.

Le FUTUR SIMPLE indique simplement que la chose sera ou se fera : *j'écrirai* demain.

Le FUTUR ANTÉRIEUR marque que la chose sera faite avant une autre qui est à faire : *j'aurai écrit* quand vous arriverez.

Modes.

42. Il y a *cinq modes* en latin : l'*indicatif*, l'*impératif*, le *subjonctif*, l'*infinitif*, le *participe*.

I. L'INDICATIF sert à *affirmer* que la chose, état ou action, est, ou qu'elle a été, ou qu'elle sera : *je lis, j'ai lu, je lirai*.

II. L'IMPÉRATIF indique le *commandement*, la *prière* : *venez* ici.

III. Le SUBJONCTIF marque que la chose, état ou action, est *dépendante* d'une autre : je veux *qu'il sorte*.

IV. L'INFINITIF exprime l'état ou l'action d'une manière vague et *indéfinie*, sans nombre ni personne : *être, lire*.

V. Le PARTICIPE, tout en marquant le temps, sert à qualifier d'une manière générale les personnes et les choses : *aimant, ayant aimé*.

A l'infinitif se rattachent deux autres formes, le *gérondif* et le *supin*, qui le suppléent dans certains cas, et qui peuvent être considérés comme des noms tirés du verbe.

Radical et terminaison.

43. Tout verbe est composé de deux éléments : le *radical* et la *terminaison*.

Le *radical* est la partie du verbe qui reste invariable.

La *terminaison* est la partie du verbe qui varie suivant le nombre, la personne, le temps, le mode.

Conjugaisons.

44. Il y a quatre espèces de conjugaisons, que l'on distingue par les terminaisons du présent de l'infinitif et de la deuxième personne du singulier du présent de l'indicatif.

La première conjugaison fait à l'infinitif *are*, et à la deuxième personne du présent de l'indicatif, *as*.

La seconde conjugaison fait à l'infinitif *ēre*, et à la deuxième personne du présent de l'indicatif, *es*.

La troisième conjugaison fait à l'infinitif *ere*, et à la deuxième personne du présent de l'indicatif, *is*.

La quatrième conjugaison fait à l'infinitif *ire*, et à la deuxième personne du présent de l'indicatif, *is*.

On appelle verbes *réguliers* ceux qui, dans leur formation, suivent les règles de la conjugaison à laquelle ils appartiennent.

Des différentes sortes de verbes.

45. On distingue en latin cinq sortes de verbes : les verbes *actifs* ou *transitifs,* les verbes *passifs,* les verbes *neutres* ou *intransitifs,* les verbes *déponents*, les verbes *impersonnels*.

Avant de donner les quatre modèles de conjugaison des verbes réguliers, il est à propos de commencer par la conjugaison du verbe substantif *sum,* qui fournit des terminaisons aux autres verbes et en facilite l'étude.

RÈGLE DES VERBES.

Puer est. — Pueri sunt.

Tout verbe s'accorde en nombre et en personne avec son sujet.

Ex. : L'enfant est, *puer est;* les enfants sont, *pueri sunt.*

Est est au singulier et à la 3ᵉ personne, parce que son sujet *puer* est du singulier et de la 3ᵉ personne. — *Sunt* est au pluriel et à la 3ᵉ personne, parce que son sujet *pueri* est du pluriel et de la 3ᵉ personne.

INDICATIF.		IMPÉRATIF.	
PRÉSENT.		Point de première personne.	
S. Sum,	*je suis.*	Es *ou* esto,	*sois.*
Es,	*tu es.*	Esto (ille),	*qu'il soit.*
Est,	*il est.*	Simus,	*soyons.*
Pl. Sumus,	*nous sommes.*	Este *ou* estote,	*soyez.*
Estis,	*vous êtes.*	Sunto,	*qu'ils soient.*
Sunt,	*ils sont.*		
IMPARFAIT.			
S. Er am,	*j'étais.*		
Er as,	*tu étais.*		
Er at,	*il était.*	. . . .	
Pl. Er amus,	*nous étions.*		
Er atis,	*vous étiez.*		
Er ant,	*ils étaient.*		
PARFAIT.			
S. Fu i,	*j'ai été, je fus* ou *j'eus été.*		
Fu isti,	*tu as été.*		
Fu it,	*il a été.*	. . . .	
Pl. Fu imus,	*nous avons été.*		
Fu istis,	*vous avez été.*		
Fu erunt *ou* fuere,	*ils ont été.*		
PLUS-QUE-PARFAIT.			
S. Fu eram,	*j'avais été.*		
Fu eras,	*tu avais été.*		
Fu erat,	*il avait été.*	. . . .	
Pl. Fu eramus,	*nous avions été.*		
Fu eratis,	*vous aviez été.*		
Fu erant,	*ils avaient été.*		
FUTUR.			
S. Er o,	*je serai.*		
Er is,	*tu seras.*		
Er it,	*il sera.*	. . . .	
Pl. Er imus,	*nous serons.*		
Er itis,	*vous serez.*		
Er unt,	*ils seront.*		
FUTUR ANTÉRIEUR.			
S. Fu ero,	*j'aurai été.*		
Fu eris,	*tu auras été.*	. . . .	
Fu erit,	*il aura été.*		
Pl. Fu erimus,	*nous aurons été.*		
Fu eritis,	*vous aurez été.*		
Fu erint,	*ils auront été.*		

SUBJONCTIF.		INFINITIF.	PARTICIPE.
Sim, Sis, Sit, Simus, Sitis, Sint,	*que je sois.* *que tu sois.* *qu'il soit.* *que nous soyons.* *que vous soyez.* *qu'ils soient.*	Esse, *être.*	Pas de participe présent.
Essem *ou* forem, Esses *ou* fores, Esset *ou* foret, Essemus, Essetis, Essent *ou* forent,	*que je fusse* ou *je serais.* *que tu fusses.* *qu'il fût.* *que nous fussions.* *que vous fussiez.* *qu'ils fussent.*		
Fu erim, Fu eris, Fu erit, Fu erimus, Fu eritis, Fu erint,	*que j'aie été.* *que tu aies été.* *qu'il ait été.* *que nous ayons été.* *que vous ayez été.* *qu'ils aient été.*	Fuisse, *avoir été.*	Pas de participe passé.
Fu issem, Fu isses, Fu isset, Fu issemus, Fu issetis, Fu issent,	*que j'eusse été* ou *j'aurais été.* *que tu eusses été.* *qu'il eût été.* *que nous eussions été.* *que vous eussiez été.* *qu'ils eussent été.*		
. . . .		Fore(*indéclinable*) *ou* futurum (am, um) esse, *devoir être.*	Futurus, a, um, *devant être.*
Fu erim, (Comme le parfait.)	*que j'aie été.*	Futurum (am, um) fuisse, *avoir dû être.* Pas de gérondif.	Pas de supin.

INDICATIF.		IMPÉRATIF.
PRÉSENT.		Point de première personne.
S. Am o,	*j'aime.*	Am a *ou* am ato, *aime.*
Am as,	*tu aimes.*	Am ato (ille), *qu'il aime.*
Am at,	*il aime.*	Am emus, *aimons.*
Pl. Am amus,	*nous aimons.*	Am ate *ou* am atote, *aimez.*
Am atis,	*vous aimez.*	Am anto, *qu'ils aiment.*
Am ant,	*ils aiment.*	
IMPARFAIT.		
S. Am abam,	*j'aimais.*	
Am abas,	*tu aimais.*	
Am abat,	*il aimait.*	. . . .
Pl. Am abamus,	*nous aimions.*	
Am abatis,	*vous aimiez.*	
Am abant,	*ils aimaient.*	
PARFAIT.		
S. Amav i,	*j'ai aimé, j'aimai* ou *j'eus aimé.*	
Amav isti,	*tu as aimé.*	
Amav it,	*il a aimé.*	
Pl. Amav imus,	*nous avons aimé.*	. . . .
Amav istis,	*vous avez aimé.*	
Amav erunt, *ou* amav ere,	*ils ont aimé.*	
PLUS-QUE-PARFAIT.		
S. Amav eram,	*j'avais aimé.*	
Amav eras,	*tu avais aimé.*	
Amav erat,	*il avait aimé.*	. . . .
Pl. Amav eramus,	*nous avions aimé.*	
Amav eratis,	*vous aviez aimé.*	
Amav erant,	*ils avaient aimé.*	
FUTUR.		
S. Am abo,	*j'aimerai.*	
Am abis,	*tu aimeras.*	
Am abit,	*il aimera.*	. . . .
Pl. Am abimus,	*nous aimerons.*	
Am abitis,	*vous aimerez.*	
Am abunt,	*ils aimeront.*	
FUTUR ANTÉRIEUR.		
S. Amav ero,	*j'aurai aimé.*	
Amav eris,	*tu auras aimé.*	
Amav erit,	*il aura aimé.*	. . . .
Pl. Amav erimus,	*nous aurons aimé.*	
Amav eritis,	*vous aurez aimé.*	
Amav erint,	*ils auront aimé.*	

Ainsi se conjuguent : *Laud are, laud o, laudav i, laudat um,* louer; — *Vituper are, vituper o, vituperav i, vituperat um,* blâmer.

SUBJONCTIF.	INFINITIF.	PARTICIPE.
Am em, *que j'aime.* Am es, *que tu aimes.* Am et, *qu'il aime.* Am emus, *que nous aimions.* Am etis, *que vous aimiez.* Am ent, *qu'ils aiment.*	Am are, *aimer.*	Am ans, *aimant.*
Am arem, *que j'aimasse* ou *j'aimerais.* Am ares, *que tu aimasses.* Am aret, *qu'il aimât.* Am aremus, *que nous aimassions.* Am aretis, *que vous aimassiez.* Am arent, *qu'ils aimassent.*		
Amav erim, *que j'aie aimé.* Amav eris, *que tu aies aimé.* Amav erit, *qu'il ait aimé.* Amav erimus, *que nous ayons aimé.* Amav eritis, *que vous ayez aimé.* Amav erint, *qu'ils aient aimé.*	Amav isse, *avoir aimé.*	Pas de participe passé.
Amav issem, *que j'eusse aimé* ou *j'aurais aimé.* Amav isses, *que tu eusses aimé.* Amav isset, *qu'il eût aimé.* Amav issemus, *que nous eussions aimé.* Amav issetis, *que vous eussiez aimé.* Amav issent, *qu'ils eussent aimé.*		
. . . .	Amat urum (am, um) esse, *devoir aimer.*	Amat urus, a, um, *devant aimer*
Amav erim, *que j'aie aimé.* (Comme le parfait.)	Amat urum (am, um) fuisse, *avoir dû aimer.* GERONDIF. Am andi, *d'aimer.* Am ando, *à aimer.* (Ad) am andum, *à* ou *pour aimer.*	SUPIN. Amat um, *à* ou *pour aimer.*

Ainsi se conjuguent : *Verber are, verber o, verberav i, verberat um,* frapper; — *Voc are, voc o, vocav i, vocat um,* appeler, etc.

	INDICATIF.		IMPÉRATIF.
	PRÉSENT.		Point de première personne.
S.	Mon eo,	*j'avertis.*	Mon e *ou* moneto, *avertis.*
	Mon es,	*tu avertis.*	Mon eto (ille), *qu'il avertisse.*
	Mon et,	*il avertit.*	Mon eamus, *avertissons.*
Pl.	Mon emus,	*nous avertissons.*	Monete *ou* monetote, *avertissez.*
	Mon etis,	*vous avertissez.*	Mon ento, *qu'ils avertissent.*
	Mon ent,	*ils avertissent.*	
	IMPARFAIT.		
S.	Mon ebam,	*j'avertissais.*	
	Mon ebas,	*tu avertissais.*	
	Mon ebat,	*il avertissait.*	. . . .
Pl.	Mon ebamus,	*nous avertissions.*	
	Mon ebatis,	*vous avertissiez.*	
	Mon ebant,	*ils avertissaient.*	
	PARFAIT.		
S.	Monu i,	*j'ai averti, j'avertis* ou *j'eus averti.*	
	Monu isti,	*tu as averti.*	
	Monu it,	*il a averti.*	
Pl.	Monu imus,	*nous avons averti.*	. . . .
	Monu istis,	*vous avez averti.*	
	Monu erunt, *ou* monu ere,	*ils ont averti.*	
	PLUS-QUE-PARFAIT.		
S.	Monu eram,	*j'avais averti.*	
	Monu eras,	*tu avais averti.*	
	Monu erat,	*il avait averti.*	. . . .
Pl.	Monu eramus,	*nous avions averti.*	
	Monu eratis,	*vous aviez averti.*	
	Monu erant,	*ils avaient averti.*	
	FUTUR.		
S.	Mon ebo,	*j'avertirai.*	
	Mon ebis,	*tu avertiras.*	
	Mon ebit,	*il avertira.*	. . . .
Pl.	Mon ebimus,	*nous avertirons.*	
	Mon ebitis,	*vous avertirez.*	
	Mon ebunt,	*ils avertiront.*	
	FUTUR ANTÉRIEUR.		
S.	Monu ero,	*j'aurai averti.*	
	Monu eris,	*tu auras averti.*	
	Monu erit,	*il aura averti.*	. . . .
Pl.	Monu erimus,	*nous aurons averti.*	
	Monu eritis,	*vous aurez averti.*	
	Monu erint,	*ils auront averti.*	

Ainsi se conjuguent : *Doc ere, doc eo, docu i, doct um,* instruire ;— *Terr ere, terr eo, terru i, territ um,* épouvanter.

SUBJONCTIF.		INFINITIF.	PARTICIPE.
Mon eam, Mon eas, Mon eat, Mon eamus, Mon eatis, Mon eant,	*que j'avertisse.* *que tu avertisses.* *qu'il avertisse.* *que nous avertissions.* *que vous avertissiez.* *qu'ils avertissent.*	Mon ere, *avertir.*	Mon ens, *avertissant.*
Mon erem, Mon eres, Mon eret, Mon eremus, Mon eretis, Mon erent,	*que j'avertisse* ou *j'avertirais.* *que tu avertisses.* *qu'il avertit.* *que nous avertissions.* *que vous avertissiez.* *qu'ils avertissent.*		
Monu erim, Monu eris, Monu erit, Monu erimus, Monu eritis, Monu erint,	*que j'aie averti.* *que tu aies averti.* *qu'il ait averti.* *que nous ayons averti.* *que vous ayez averti.* *qu'ils aient averti.*	Monu isse, *avoir averti.*	Pas de participe passé.
Monu issem, Monu isses, Monu isset, Monu issemus, Monu issetis, Monu issent,	*que j'eusse averti* ou *j'aurais averti.* *que tu eusses averti.* *qu'il eût averti.* *que nous eussions averti.* *que vous eussiez averti.* *qu'ils eussent averti.*		
. . . .		Monit urum (am, um) esse, *devoir avertir.*	Moniturus, a, um, *devant avertir.*
Monu erim, (Comme le parfait.)	*que j'aie averti.*	Monit urum (am, um) fuisse, *avoir dû avertir.* GÉRONDIF. Mon endi, *d'avertir.* Mon endo, *à avertir* (Ad) mon endum, *à* ou *pour avertir.*	SUPIN. Monit um, *à* ou *pour avertir.*

Ainsi se conjuguent : *Ten ere, ten eo, tenu i, tent um,* tenir; — *Impl ere, impl eo, implev i, implet um,* emplir.

INDICATIF.	IMPÉRATIF.
PRÉSENT. S. Leg o, *je lis.* Leg is, *tu lis.* Leg it, *il lit.* Pl. Leg imus, *nous lisons.* Leg itis, *vous lisez.* Leg unt, *ils lisent.*	Point de première personne. Leg e *ou* leg ito, *lis.* Leg ito (ille), *qu'il lise.* Leg amus, *lisons.* Leg ite *ou* leg itote, *lisez.* Leg unto, *qu'ils lisent.*
IMPARFAIT. S. Leg ebam, *je lisais.* Leg ebas, *tu lisais.* Leg ebat, *il lisait.* Pl. Leg ebamus, *nous lisions.* Leg ebatis, *vous lisiez.* Leg ebant, *ils lisaient.*	. . . .
PARFAIT. S. Leg i, *j'ai lu, je lus* ou *j'eus lu.* Leg isti, *tu as lu.* Leg it, *il a lu.* Pl. Leg imus, *nous avons lu.* Leg istis, *vous avez lu.* Leg erunt *ou* leg ere, *ils ont lu.*	. . . .
PLUS-QUE-PARFAIT. S. Leg eram, *j'avais lu.* Leg eras, *tu avais lu.* Leg erat, *il avait lu.* Pl. Leg eramus, *nous avions lu.* Leg eratis, *vous aviez lu.* Leg erant, *ils avaient lu.*	. . . .
FUTUR. S. Leg am, *je lirai.* Leg es, *tu liras.* Leg et, *il lira.* Pl. Leg emus, *nous lirons.* Leg etis, *vous lirez.* Leg ent, *ils liront.*	. . . .
FUTUR ANTÉRIEUR. S. Leg ere, *j'aurai lu.* Leg eris, *tu auras lu.* Leg erit, *il aura lu.* Pl. Leg erimus, *nous aurons lu.* Leg eritis, *vous aurez lu.* Leg erint, *ils auront lu.*	. . . .

Ainsi se conjuguent : *Vinc ere, vinc o, vic i, vict um,* vaincre ; — *Occid ere, occid o, occid i, occis um,* tuer.

SUBJONCTIF.	INFINITIF.	PARTICIPE.
Leg am, *que je lise.* Leg as, *que tu lises.* Leg at, *qu'il lise.* Leg amus, *que nous lisions.* Leg atis, *que vous lisiez.* Leg ant, *qu'ils lisent.*	Leg ere, *lire.*	Leg ens, *lisant.*
Leg erem, *que je lusse* ou *je lirais.* Leg eres, *que tu lusses.* Leg eret, *qu'il lût.* Leg eremus, *que nous lussions.* Leg eretis, *que vous lussiez.* Leg erent, *qu'ils lussent.*		
Leg erim, *que j'aie lu.* Leg eris, *que tu aies lu.* Leg erit, *qu'il ait lu.* Leg erimus, *que nous ayons lu.* Leg eritis, *que vous ayez lu.* Leg erint, *qu'ils aient lu.*	Leg isse, *avoir lu.*	Pas de participe passé.
Leg issem, *que j'eusse lu* ou *j'aurais lu.* Leg isses, *que tu eusses lu.* Leg isset, *qu'il eût lu.* Leg issemus, *que nous eussions lu.* Leg issetis, *que vous eussiez lu.* Leg issent, *qu'ils eussent lu.*		
. . . .	Lect urum (am, um) esse, *devoir lire.*	Lect urus, a, um, *devant lire.*
Leg erim, *que j'aie lu.* (Comme le parfait.)	Lect urum (am, um) fuisse, *avoir dû lire.* GÉRONDIF. Leg endi, *de lire.* Leg endo, *à lire.* (Ad) leg endum, *à* ou *pour lire.*	SUPIN. Lect um, *à* ou *pour lire.*

Ainsi se conjuguent: *Scrib ere, scrib o, scrips i, script um,* écrire; — *Cognosc ere, cognosc o, cognov i, cognit um,* connaître, etc.

INDICATIF.	IMPÉRATIF.
PRÉSENT. S. Aud io, *j'entends.* Aud is, *tu entends.* Aud it, *il entend.* Pl. Aud imus, *nous entendons.* Aud itis, *vous entendez.* Aud iunt, *ils entendent.*	Point de première personne. Aud i *ou* aud ito, *entends.* Aud ito (ille), *qu'il entende.* Aud iamus, *entendons.* Aud ite *ou* aud itote, *entendez.* Aud iunto, *qu'ils entendent.*
IMPARFAIT. S. Aud iebam, *j'entendais.* Aud iebas, *tu entendais.* Aud iebat, *il entendait.* Pl. Aud iebamus, *nous entendions.* Aud iebatis, *vous entendiez.* Aud iebant, *ils entendaient.*	. . . .
PARFAIT. S. Audiv i, *j'ai entendu, j'entendis* ou *j'eus entendu.* Audiv isti, *tu as* Audiv it, *il a* Pl. Audiv imus, *nous avons* Audiv istis, *vous avez* Audiv erunt *ou* audiv ere, *ils ont* } *entendu.*	. . . .
PLUS-QUE-PARFAIT. S. Audiv eram, *j'avais* Audiv eras, *tu avais* Audiv erat, *il avait* Pl. Audiv eramus, *nous avions* Audiv eratis, *vous aviez* Audiv erant, *ils avaient* } *entendu.*	. . . .
FUTUR. S. Aud iam, *j'entendrai.* Aud ies, *tu entendras.* Aud iet, *il entendra.* Pl. Aud iemus, *nous entendrons.* Aud ietis, *vous entendrez.* Aud ient, *ils entendront.*	. . . .
FUTUR ANTÉRIEUR. S. Audiv ero, *j'aurai* Audiv eris, *tu auras* Audiv erit, *il aura* Pl. Audiv erimus, *nous aurons* Audiv eritis, *vous aurez* Audiv erint, *ils auront* } *entendu.*	. . . .

Ainsi se conjuguent : *Aper ire, aperi o, aperu i, apert um,* ouvrir ; — *Mun ire, mun io, muniv i, munit um,* fortifier.

SUBJONCTIF.	INFINITIF.	PARTICIPE.
Aud iam, *que j'entende.* Aud ias, *que tu entendes.* Aud iat, *qu'il entende.* Aud iamus, *que nous entendions.* Aud iatis, *que vous entendiez.* Aud iant, *qu'ils entendent.*	Aud ire, *entendre.*	Aud iens, *entendant.*
Aud irem, *que j'entendisse* ou *j'entendrais.* Aud ires, *que tu entendisses.* Aud iret, *qu'il entendit.* Aud iremus, *que nous entendissions.* Aud iretis, *que vous entendissiez.* Aud irent, *qu'ils entendissent.*		
Audiv erim, *que j'aie* Audiv eris, *que tu aies* Audiv erit, *qu'il ait* Audiv erimus, *que nous ayons* Audiv eritis, *que vous ayez* Audiv erint, *qu'ils aient* } *entendu.*	Audiv isse, *avoir entendu.*	Pas de participe passé.
Audiv issem, *que j'eusse* ou *j'aurais* Audiv isses, *que tu eusses* Audiv isset, *qu'il eût* Audiv issemus, *que nous eussions* Audiv issetis, *que vous eussiez* Audiv issent, *qu'ils eussent* } *entendu.*		
. . . .	Audit urum (am, um) esse, *devoir entendre.*	Audit urus, a, um, *devant entendre.*
Audiv erim, *que j'aie entendu.* (Comme le parfait.)	Audit urum (am, um) fuisse, *avoir dû entendre.* GERONDIF. Aud iendi, *d'entendre* Aud iendo, *d'entendre* (Ad) aud iendum, *à* ou *pour entendre.*	SUPIN. Audit um, *à* ou *pour entendre.*

Ainsi se conjuguent : *Sepel ire, sepel io, sepeliv i, sepult um*, ensevelir; — *Pun ire, pun io, puniv i, punit um*, punir, etc.

INDICATIF.	IMPÉRATIF.
PRÉSENT. *S.* Accip io, *je reçois.* Accip is, *tu reçois.* Accip it, *il reçoit.* *Pl.* Accip imus, *nous recevons.* Accip itis, *vous recevez.* Accip iunt, *ils reçoivent.*	Point de première personne. Accip e *ou* accip ito, *reçois.* Accip ito (ille), *qu'il reçoive.* Accip iamus, *recevons.* Accip ite *ou* accip itote, *recevez.* Accip iunto, *qu'ils reçoivent.*
IMPARFAIT. *S.* Accip iebam, *je recevais.* Accip iebas, *tu recevais.* Accip iebat, *il recevait.* *Pl.* Accip iebamus, *nous recevions.* Accip iebatis, *vous receviez.* Accip iebant, *ils recevaient.*	. . . .
PARFAIT. *S.* Accep i, *j'ai reçu, je reçus* ou *j'eus reçu.* Accep isti, *tu as reçu.* Accep it, *il a reçu.* *Pl.* Accep imus, *nous avons reçu.* Accep istis, *vous avez reçu.* Accep erunt, *ou* accep ere, } *ils ont reçu.*	. . . .
PLUS-QUE-PARFAIT. *S.* Accep eram, *j'avais reçu.* Accep eras, *tu avais reçu.* Accep erat, *il avait reçu.* *Pl.* Accep eramus, *nous avions reçu.* Accep eratis, *vous aviez reçu.* Accep erant, *ils avaient reçu.*	. . . .
FUTUR. *S.* Accip iam, *je recevrai.* Accip ies, *tu recevras.* Accip iet, *il recevra.* *Pl.* Accip iemus, *nous recevrons.* Accip ietis, *vous recevrez.* Accip ient, *ils recevront.*	. . . .
FUTUR ANTÉRIEUR. *S.* Accep ero, *j'aurai reçu.* Accep eris, *tu auras reçu.* Accep erit, *il aura reçu.* *Pl.* Accep erimus, *nous aurons reçu.* Accep eritis, *vous aurez reçu.* Accep erint, *ils auront reçu.*	. . . .

Ainsi se conjuguent : *Fac ere, fac io, fec i, fact um,* faire ;— *Fug ere, fug io, fug i, fugit um,* fuir.

1. Ce verbe tient de la troisième et de la quatrième conjugaison ; voilà pourquoi on l'appelle *conjugaison mixte.* Ce verbe appartient à la troisième conjugaison par son infinitif,

SUBJONCTIF.	INFINITIF.	PARTICIPE.
Accip iam, *que je reçoive.* Accip ias, *que tu reçoives.* Accip iat, *qu'il reçoive.* Accip iamus, *que nous recevions.* Accip iatis, *que vous receviez.* Accip iant, *qu'ils reçoivent.*	Accip ere, *recevoir.*	Accip iens, *recevant.*
Accip erem, *que je reçusse ou je recevrais.* Accip eres, *que tu reçusses.* Accip eret, *qu'il reçût.* Accip eremus, *que nous reçussions.* Accip eretis, *que vous reçussiez.* Accip erent, *qu'ils reçussent.*		
Accep erim, *que j'aie reçu.* Accep eris, *que tu aies reçu.* Accep erit, *qu'il ait reçu.* Accep erimus, *que nous ayons reçu.* Accep eritis, *que vous ayez reçu.* Accep erint, *qu'ils aient reçu.*	Accep isse, *avoir reçu.*	Pas de participe passé.
Accep issem, *que j'eusse ou j'aurais* Accep isses, *que tu eusses* Accep isset, *qu'il eût reçu.* Accep issemus, *que nous eussions* Accep issetis, *que vous eussiez* Accep issent, *qu'ils eussent* } *reçu.*		
. . . .	Accept urum (am, um) esse, *devoir recevoir.*	Accept urus, a, um, *devant recevoir.*
Accep erim, *que j'aie reçu.* (Comme le parfait.)	Accept urum (am, um) fuisse, *avoir dû recevoir.* GÉRONDIF. Accip iendi, *de recevoir.* Accip iendo, *à recevoir.* (Ad) accip iendum, *à ou pour recevoir.*	SUPIN. Acceptum, *à ou pour recevoir.*

Ainsi se conjuguent : *Aspic ere, aspic io, aspex i, aspect um,* regarder ; — *Jac ere, jac io, jec i, jact um,* jeter, etc.

ere, l'imparfait du subjonctif en *erem*, par le parfait et les temps qui en sont formés. Il tient de la quatrième conjugaison par tous les autres temps qui dérivent du présent *accipio*

52. TABLEAU GÉNÉRAL,

DANS LEQUEL ON A MIS SOUS UN MÊME COUP D'ŒIL LES QUATRE CONJUGAISONS.

	1.	2.	3.	4.
INDICATIF.				
Présent.	Am o, as,	mon eo, es,	leg o, is,	aud io, is.
Imparfait.	Am abam, abas,	mon ebam, ebas,	leg ebam, ebas,	aud iebam, iebas.
Parfait.	Amav i, isti,	monu i, isti,	leg i, isti,	audiv i, isti.
Plus-que-parf.	Amav eram, eras,	monu eram, eras,	leg eram, eras,	audiv eram, eras.
Futur.	Am abo, abis,	mon ebo, ebis,	leg am, es,	aud iam, ies.
Futur antérieur	Amav ero, eris,	monu ero, eris,	leg ero, eris,	audiv ero, eris.
IMPÉRATIF.	Am a, ato,	mon e, eto,	leg e, ito,	aud i, ito.
SUBJONCTIF.				
Présent.	Am em, es,	mon eam, eas,	leg am, as,	aud iam, ias.
Imparfait.	Am arem, ares,	mon erem, eres,	leg erem, eres,	aud irem, ires.
Parfait.	Amav erim, eris,	monu erim, eris,	leg erim, eris,	audiv erim, eris.
Plus-que-parf.	Amav issem, es,	monu issem, isses,	leg issem, isses,	audiv issem, isses.
INFINITIF.	Am are, av isse,	mon ere, u isse,	leg ere, isse,	aud ire, iv isse.

Verbes actifs ou transitifs.

53. Le verbe *actif* ou *transitif* est celui qui exprime une action faite par le sujet et qui a un complément direct.

Ainsi *amo,* j'aime, est un verbe actif, parce qu'il peut avoir un complément direct : *amo Deum*, j'aime Dieu.

FORMATION DES TEMPS.

54. Les temps des verbes se divisent en temps *primitifs* et en temps *dérivés*.

Les temps *primitifs* sont ceux qui servent à former les autres temps, c'est-à-dire les temps dérivés.

Les temps *dérivés* sont donc ceux qui sont formés des temps primitifs.

Il y a en latin quatre temps primitifs, savoir : le *présent de l'infinitif*, le *présent de l'indicatif*, le *parfait*, le *supin*.

Du PRÉSENT DE L'INFINITIF on forme deux temps :

1° L'*impératif* en retranchant la dernière syllabe *re* : *ama re, ama; mone re, mone; lege re, lege; audi re, audi* (1).

2° L'*imparfait du subjonctif* en ajoutant *m* à l'infinitif : *amare, amare m; monere, monere m; legere, legere m; audire, audire m.*

Du PRÉSENT DE L'INDICATIF on forme cinq temps :

1° L'*imparfait de l'indicatif*, en changeant *o* en *abam* dans la première conjugaison : *am o, am abam;* en *bam* dans la deuxième : *mone o, mone bam;* en *ebam* dans la troisième et la quatrième : *leg o, leg ebam; audi o, audi ebam.*

2° Le *futur de l'indicatif*, en changeant *o* en *abo* dans la première conjugaison : *am o, am abo;* en *bo,* dans la deuxième : *mone o, mone bo;* en *am* dans la troisième et la quatrième : *leg o, leg am; audi o, audi am.*

---

(1) Il faut en excepter les trois verbes *dicere,* dire; *ducere,* conduire; *facere,* faire, qui font à l'impératif *dic, duc, fac.*

3° Le *présent du subjonctif*, en changeant *o* en *em* dans la première conjugaison : *am o, am em;* en *am* dans les trois autres : *mone o, mone am; leg o, leg am; audi o, audi am.*

4° Le *participe présent,* en changeant *o* en *ans* dans la première conjugaison : *am o, am ans; eo* en *ens* dans la deuxième : *mon eo, mon ens; o* en *ens* dans la troisième et la quatrième : *leg o, leg ens; audi o, audi ens.*

5° Le *gérondif*, en changeant *o* en *andi* dans la première conjugaison : *am o, am andi; eo* en *endi* dans la deuxième : *mon eo, mon endi; o* en *endi* dans la troisième et la quatrième : *leg o, leg endi; audi o, audi endi.*

Du PARFAIT DE L'INDICATIF on forme cinq temps :

1° Le plus-que-parfait de l'indicatif, en changeant *i* en *eram : amav i, amav eram; monu i, monu eram; leg i, leg eram; audiv i, audiv eram.*

2° Le *futur antérieur*, en changeant *i* en *ero : amav i, amav ero; monu i, monu ero; leg i, leg ero; audiv i, audiv ero.*

3° Le *parfait du subjonctif,* en changeant *i* en *erim : amav i, amav erim; monu i, monu erim; leg i, leg erim; audiv i, audiv erim.*

4° Le *plus-que-parfait du subjonctif,* en changeant *i* en *issem : amav i, amav issem; monu i, monu issem; leg i, leg issem; audiv i, audiv issem.*

5° Le *parfait de l'infinitif*, en changeant *i* en *isse : amav i, amav isse; monu i, monu isse; leg i, leg isse ; audiv i, audiv isse.*

Du SUPIN on forme deux temps :

1° Le *participe futur,* en changeant *um* en *urus, a, um : amat um, amat urus; monit um, monit urus; lect um, lect urus; audit um, audit urus.*

2° Le *futur de l'infinitif,* en changeant *um* en *urum : amat um, amat urum; monit um, monit urum; lect um, lect urum; audit um, audit urum.* Ce futur n'est autre chose que l'accusatif du participe futur auquel on ajoute *esse* ou *fuisse.*

Remarque. — On peut faire une *syncope*, c'est-à-dire retrancher quelques lettres, dans les parfaits et dans tous les temps qui en sont formés, en ôtant *ve* ou *vi*, et quelquefois le *v* seulement.

Ex. :	Amârunt	*pour*	ama-ve-runt.
	Implêssem	*pour*	imple-vi-ssem.
	Audieram	*pour*	audi-v-eram.
	Audiissem	*pour*	audi-v-issem.

RÈGLE DES VERBES ACTIFS.

Amo Deum.

Tous les verbes actifs gouvernent l'accusatif.

Ex. : J'aime Dieu, *amo Deum*. Nous aimerons Dieu, *amabimus Deum*. Vous aviez instruit l'enfant, *docueras puerum*. Il aura lu les livres, *legerit libros*. Ecoutez vos maîtres, *audite magistros vestros*.

Verbes passifs.

55. On appelle verbe *passif* celui qui exprime une action soufferte, reçue par le sujet.

Ex. : La souris est mangée par le chat.

L'action d'être mangée est *soufferte* par la souris; *est mangée* est un verbe passif.

Les temps des verbes passifs se divisent en temps *simples* et en temps *composés*.

Les temps *simples* sont ceux qui ne sont formés que d'un seul mot, comme *am or*, je suis aimé; *am abar*, j'étais aimé.

Les temps *composés* sont ceux qui se forment du participe passé et de l'un des temps du verbe *esse*, qui devient alors auxiliaire, comme *être* en français : *amatus sum*, j'ai été aimé; *amatus eram*, j'avais été aimé.

Pour conjuguer un verbe passif, il suffit donc de connaître : 1° le radical du *présent*, avec lequel on forme tous les temps simples en y ajoutant les terminaisons propres au passif; 2° le radical du *supin*, dont on forme le participe passé en changeant *um* en *us, a, um*.

INDICATIF.	IMPÉRATIF.
PRÉSENT. *Je suis aimé.* S. Am or. Am aris *ou* am are. Am atur. *Pl.* Am amur. Am amini. Am antur.	Point de première personne. Am are *ou* am ator, *sois aimé.* Am ator (ille). Am emur. Am amini. Am antor.
IMPARFAIT. *J'étais aimé.* S. Am abar. Am abaris *ou* am abare. Am abatur. *Pl.* Am abamur. Am abamini. Am abantur.	. . . .
PARFAIT. *J'ai été, je fus* ou *j'eus été aimé.* S. Amat us sum *ou* fui. Amat us es *ou* fuisti. Amat us est *ou* fuit. *Pl.* Amat i sumus *ou* fuimus. Amat i estis *ou* fuistis. Amat i sunt *ou* fuerunt.	. . . .
PLUS-QUE-PARFAIT. *J'avais été aimé.* S. Amat us eram *ou* fueram. Amat us eras *ou* fueras. Amat us erat *ou* fuerat. *Pl.* Amat i eramus *ou* fueramus. Amat i eratis *ou* fueratis. Amat i erant *ou* fuerant.	. . . .
FUTUR. *Je serai aimé.* S. Am abor. Am aberis *ou* am abere. Am abitur. *Pl.* Am abimur. Am abimini. Am abuntur.	. . . .
FUTUR ANTÉRIEUR. *J'aurai été aimé.* S. Amat us ero *ou* fuero. Amat us eris *ou* fueris. Amat us erit *ou* fuerit. *Pl.* Amat i erimus *ou* fuerimus. Amat i eritis *ou* fueritis. Amat i erint *ou* fuerint.	. . . .

Ainsi se conjuguent : *Laud ari, laud or, laudat us sum,* je suis loué ; — *Vituper ari, vituper or, vituperat us sum,* je suis blâmé.

SUBJONCTIF.	INFINITIF.	PARTICIPE.
Que je sois aimé. Am er. Am eris *ou* am ere. Am etur. Am emur. Am emini. Am entur.	Am ari, *être aimé.*	Pas de participe présent.
Que je fusse aimé ou *je serais aimé.* Am arer. Am areris *ou* am arere. Am aretur. Am aremur. Am aremini. Am arentur.		
Que j'aie été aimé. Amat us sim *ou* fuerim. Amat us sis *ou* fueris. Amat us sit *ou* fuerit. Amat i simus *ou* fuerimus. Amat i sitis *ou* fueritis. Amat i sint *ou* fuerint.	Amat um (am, um) esse *ou* fuisse, *avoir été aimé.*	Amat us, a, um, *aimé, ayant été aimé.*
Que j'eusse été aimé ou *j'aurais été aimé.* Amat us essem *ou* fuissem. Amat us esses *ou* fuisses. Amat us esset *ou* fuisset. Amat i essemus *ou* fuissemus. Amat i essetis *ou* fuissetis. Amat i essent *ou* fuissent.		
. . . .	Amat um iri, *devoir être aimé.* (Indéclinable.)	Am andus, a, um, *devant être aimé, qu'il faut aimer.*
. . . .		SUPIN. Amat u, *à ou pour être aimé.*

Ainsi se conjuguent : *Verber ari, verber or, verberat us sum,* je suis frappé ; *Voc ari, voc or, vocat us sum,* je suis appelé, etc. —

INDICATIF.	IMPÉRATIF.
PRÉSENT. *Je suis averti.* *S.* Mon eor. Mon eris *ou* mon ere. Mon etur. *Pl.* Mon emur. Mon emini. Mon entur.	Point de première personne. Mon ere *ou* mon etor, *sois averti.* Mon etor (ille). Mon eamur. Mon emini. Mon entor.
IMPARFAIT. *J'étais averti.* *S.* Mon ebar. Mon ebaris *ou* mon ebare. Mon ebatur. *Pl.* Mon ebamur. Mon ebamini. Mon ebantur.	. . . .
PARFAIT. *J'ai été, je fus,* ou *j'eus été averti.* *S.* Mon itus sum *ou* fui. Mon itus es *ou* fuisti. Mon itus est *ou* fuit. *Pl.* Mon iti sumus *ou* fuimus. Mon iti estis *ou* fuistis. Mon iti sunt *ou* fuerunt.	. . . .
PLUS-QUE-PARFAIT. *J'avais été averti.* *S.* Monit us eram *ou* fueram. Monit us eras *ou* fueras. Monit us erat *ou* fuerat. *Pl.* Monit i eramus *ou* fueramus. Monit i eratis *ou* fueratis. Monit i erant *ou* fuerant.	. . . .
FUTUR. *Je serai averti.* *S.* Mon ebor. Mon eberis *ou* mon ebere. Mon ebitur. *Pl.* Mon ebimur. Mon ebimini. Mon ebuntur.	. . . .
FUTUR ANTÉRIEUR. *J'aurai été averti.* *S.* Monit us ero *ou* fuero. Monit us eris *ou* fueris. Monit us erit *ou* fuerit. *Pl.* Monit i erimus *ou* fuerimus. Monit i eritis *ou* fueritis. Monit i erunt *ou* fuerint.	. . . .

Ainsi se conjuguent : *Doc eri, doc eor, doct us sum*, je suis instruit; — *Terr eri, terr eor, territ us sum*, je suis épouvanté.

SUBJONCTIF.	INFINITIF.	PARTICIPE.
Que je sois averti. Mon ear. Mon earis *ou* mon eare. Mon eatur. Mon eamur. Mon eamini. Mon eantur.	Mon eri, *être averti.*	Pas de participe présent.
Que je fusse averti ou *je serais averti.* Mon erer. Mon ereris *ou* mon erere. Mon eretur. Mon eremur. Mon eremini. Mon erentur.		
Que j'aie été averti. Monit us sim *ou* fuerim. Monit us sis *ou* fueris. Monit us sit *ou* fuerit. Monit i simus *ou* fuerimus. Monit i sitis *ou* fueritis. Monit i sint *ou* fuerint.	Monit um (am, um) esse *ou* fuisse, *avoir été averti.*	Monitus, a, um, *averti, ayant été averti.*
Que j'eusse été averti ou *j'aurais été averti.* Monit us essem *ou* fuissem. Monit us esses *ou* fuisses. Monit us esset *ou* fuisset. Monit i essemus *ou* fuissemus. Monit i essetis *ou* fuissetis. Monit i essent *ou* fuissent.		
. . . .	Monit um iri, *devoir être averti.* (Indéclinable.)	Mon endus a, um, *devant être averti, qu'il faut avertir.*
. . . .		SUPIN. Monit u, *à* ou *pour être averti.*

Ainsi se conjuguent : *Retin eri, retin cor, retent us sum,* je suis retenu ; — *Impl eri, impl cor, implet us sum,* je suis empli, etc.

INDICATIF.	IMPÉRATIF.
PRÉSENT. *Je suis lu.* *S.* Leg or. Leg eris *ou* leg ere. Leg itur. *Pl.* Leg imur. Leg imini. Leg untur.	Point de première personne. Leg ere *ou* leg itor, *sois lu.* Leg itor (ille). Leg amur. Leg imini. Leg untor.
IMPARFAIT. *J'étais lu.* *S.* Leg ebar. Leg ebaris *ou* leg ebare. Leg ebatur. *Pl.* Leg ebamur. Leg ebamini. Leg ebantur.	. . . .
PARFAIT. *J'ai été, je fus* ou *j'eus été lu.* *S.* Lect us sum *ou* fui. Lect us es *ou* fuisti. Lect us est *ou* fuit. *Pl.* Lect i sumus *ou* fuimus. Lect i estis *ou* fuistis. Lect i sunt *ou* fuerunt.	. . . .
PLUS-QUE-PARFAIT. *J'avais été lu.* *S.* Lect us eram *ou* fueram. Lect us eras *ou* fueras. Lect us erat *ou* fuerat. *Pl.* Lect i eramus *ou* fueramus. Lect i eratis *ou* fueratis. Lect i erant *ou* fuerant.	. . . .
FUTUR. *Je serai lu.* *S.* Leg ar. Leg eris *ou* leg ere. Leg etur. *Pl.* Leg emur. Leg emini. Leg entur.	. . . .
FUTUR ANTÉRIEUR. *J'aurai été lu.* *S.* Lect us ero *ou* fuero. Lect us eris *ou* fueris. Lect us erit *ou* fuerit. *Pl.* Lect i erimus *ou* fuerimus. Lect i eritis *ou* fueritis. Lect i erunt *ou* fuerint.	. . . .

Ainsi se conjuguent : *Vinc i, vinc or, vict us sum,* je suis vaincu; — *Scrib i, scrib or, script us sum,* je suis écrit.

SUBJONCTIF.	INFINITIF.	PARTICIPE.
Que je sois lu. Leg ar. Leg aris *ou* legare. Leg atur. Leg amur. Leg amini. Leg antur.	Leg i, *être lu.*	Pas de participe présent.
Que je fusse lu ou *je serais lu.* Leg erer. Leg ereris *ou* leg erere. Leg eretur. Leg eremur. Leg eremini. Leg erentur.		
Que j'aie été lu. Lect us sim *ou* fuerim. Lect us sis *ou* fueris. Lect us sit *ou* fuerit. Lect i simus *ou* fuerimus. Lect i sitis *ou* fueritis. Lect i sint *ou* fuerint.	Lect um (am, um) esse *ou* fuisse, *avoir été lu.*	Lect us, a, um, *lu, ayant été lu.*
Que j'eusse été lu ou *j'aurais été lu.* Lect us essem *ou* fuissem. Lect us esses *ou* fuisses. Lect us esset *ou* fuisset. Lect i essemus *ou* fuissemus. Lect i essetis *ou* fuissetis. Lect i essent *ou* fuissent.		
. . . .	Lect um iri, *devoir être lu.* (Indéclinable.)	Leg endus, a, um, *devant être lu, qu'il faut lire.*
. . . .		SUPIN. Lect u, *à* ou *pour être lu.*

Ainsi se conjuguent : *Occid i, occid or, occis us sum,* je suis tué; — *Cognosc i, cognosc or, cognit us sum,* je suis connu, etc

INDICATIF.	IMPÉRATIF.
PRÉSENT. *Je suis entendu.* *S.* Aud ior. Aud iris *ou* aud ire. Aud itur. *Pl.* Aud imur. Aud imini. Aud iuntur.	Point de première personne. Aud ire *ou* auditor, *sois entendu.* Aud itor (ille). Aud iamur. Aud imini. Aud iuntor.
IMPARFAIT. *J'étais entendu.* *S.* Aud iebar. Aud iebaris *ou* aud iebare. Aud iebatur. *Pl.* Aud iebamur. Aud iebamini. Aud iebantur.	. . . .
PARFAIT. *J'ai été, je fus* ou *j'eus été entendu.* *S.* Audit us sum *ou* fui. Audit us es *ou* fuisti. Audit us est *ou* fuit. *Pl.* Audit i sumus *ou* fuimus. Audit i estis *ou* fuistis. Audit i sunt *ou* fuerunt.	. . . .
PLUS-QUE-PARFAIT. *J'avais été entendu.* *S.* Audit us eram *ou* fueram. Audit us eras *ou* fueras. Audit us erat *ou* fuerat. *Pl.* Audit i eramus *ou* fueramus. Audit i eratis *ou* fueratis. Audit i erant *ou* fuerant.	. . . .
FUTUR. *Je serai entendu.* *S.* Aud iar. Aud ieris *ou* aud iere. Aud ietur. *Pl.* Aud iemur. Aud iemini. Aud ientur.	. . . .
FUTUR ANTÉRIEUR. *J'aurai été entendu.* *S.* Audit us ero *ou* fuero. Audit us eris *ou* fueris. Audit us erit *ou* fuerit. *Pl.* Audit i erimus *ou* fuerimus. Audit i eritis *ou* fueritis. Audit i erunt *ou* fuerint.	. . . .

Ainsi se conjuguent : *Aper iri, aper ior, apert us sum,* je suis ouvert; — *Mun iri, mun ior, munit us sum,* je suis fortifié.

SUBJONCTIF.	INFINITIF.	PARTICIPE.
Que je sois entendu. Aud iar. Aud iaris *ou* aud iare. Aud iatur. Aud iamur. Aud iamini. Aud iantur.	Aud iri, *être entendu.*	Pas de participe présent.
Que je fusse entendu ou *je serais entendu.* Aud irer. Aud ireris *ou* aud irere. Aud iretur. Aud iremur. Aud iremini. Aud irentur.		
Que j'aie été entendu. Audit us sim *ou* fuerim Audit us sis *ou* fueris. Audit us sit *ou* fuerit. Audit i simus *ou* fuerimus. Audit i sitis *ou* fueritis. Audit i sint *ou* fuerint.	Audit um (am, um) esse *ou* fuisse, *avoir été entendu.*	Audit us, a, um, *entendu, ayant été entendu.*
Que j'eusse été entendu ou *j'aurais été entendu.* Audit us essem *ou* fuissem. Audit us esses *ou* fuisses. Audit us esset *ou* fuisset. Audit i essemus *ou* fuissemus. Audit i essetis *ou* fuissetis. Audit i essent *ou* fuissent.		
. . . .	Audit um iri, *devoir être entendu.* (Indéclinable.)	Aud iendus a, um, *devant être entendu, qu'il faut entendre.*
. . . .		SUPIN. Audit u, *à* ou *pour être entendu.*

Ainsi se conjuguent : *Sepel iri, sepel ior, sepult us sum,* je suis enseveli ;— *Pun iri, pun ior, punit us sum,* je suis puni, etc.

INDICATIF.	IMPÉRATIF.
PRÉSENT. *Je suis reçu.* *S.* Accip ior. Accip eris *ou* accip ere. Accip itur. *Pl.* Accip imur. Accip imini. Accip iuntur.	Point de première personne. Accip ere *ou* accip itor, *sois reçu.* Accip itor (ille). Accip iamur. Accip imini. Accip iuntor.
IMPARFAIT. *J'étais reçu.* *S.* Accip iebar. Accip iebaris *ou* accip iebare. Accip iebatur. *Pl.* Accip iebamur. Accip iebamini. Accip iebantur.	. . . .
PARFAIT. *J'ai été, je fus* ou *j'eus été reçu.* *S.* Accept us sum *ou* fui. Accept us es *ou* fuisti. Accept us est *ou* fuit. *Pl.* Accept i sumus *ou* fuimus. Accept i estis *ou* fuistis. Accept i sunt *ou* fuerunt.	. . . .
PLUS-QUE-PARFAIT. *J'avais été reçu.* *S.* Accept us eram *ou* fueram. Accept us eras *ou* fueras. Accept us erat *ou* fuerat. *Pl.* Accept i eramus *ou* fueramus. Accept i eratis *ou* fueratis. Accept i erant *ou* fuerant.	. . . .
FUTUR. *Je serai reçu.* *S.* Accip iar. Accip ieris *ou* accip iere. Accip ietur. *Pl.* Accip iemur. Accip iemini. Accip ientur.	. . . .
FUTUR ANTÉRIEUR. *J'aurai été reçu.* *S.* Accept us ero *ou* fuero. Accept us eris *ou* fueris. Accept us erit *ou* fuerit. *Pl.* Accept i erimus *ou* fuerimus. Accept i eritis *ou* fueritis. Accept i erunt *ou* fuerint.	. . . .

Ainsi se conjuguent : *Rap i, rap ior, rapt us sum,* je suis ravi ; — *Cap i, cap ior, capt us sum,* je suis pris.

SUBJONCTIF.	INFINITIF.	PARTICIPE.
Que je sois reçu. Accip iar. Accip iaris *ou* accip iare. Accip iatur. Accip iamur. Accip iamini. Accip iantur.	Accip i, *être reçu.*	Pas de participe présent.
Que je fusse reçu ou *je serais reçu.* Accip erer. Accip ereris *ou* accip erere. Accip eretur. Accip eremur. Accip eremini. Accip erentur.		
Que j'aie été reçu. Accept us sim *ou* fuerim. Accept us sis *ou* fueris. Accept us sit *ou* fuerit. Accept i simus *ou* fuerimus. Accept i sitis *ou* fueritis. Accept i sint *ou* fuerint.	Accept um (am, um) esse *ou* fuisse, *avoir été reçu.*	Accept us, a, um, *reçu, ayant été reçu.*
Que j'eusse été reçu ou *j'aurais été reçu.* Accept us essem *ou* fuissem. Accept us esses *ou* fuisses. Accept us esset *ou* fuisset. Accept i essemus *ou* fuissemus. Accept i essetis *ou* fuissetis. Accept i essent *ou* fuissent.		
. . . .	Accept um iri, *devoir être reçu.* (Indéclinable.)	Accip iendus, a, um, *devant être reçu, qu'il faut recevoir.*
. . . .		SUPIN. Accept u, *à* ou *pour être reçu.*

Ainsi se conjuguent : *Recip i, recip ior, recept us sum,* je suis repris; — *Adspic i, adspic ior, adspect us sum,* je suis regardé, etc.

61. TABLEAU GÉNÉRAL,

DANS LEQUEL ON A MIS SOUS UN MÊME COUP D'ŒIL LES QUATRE CONJUGAISONS PASSIVES.

INDICATIF.	1.	2.	3.	4.
Présent.	Am or, aris,	mon eor, eris,	leg or, eris,	aud ior, iris.
Imparfait.	Am abar, abaris,	mon ebar, ebaris,	leg ebar, ebaris,	aud iebar, iebaris.
Parfait.	Amat us sum *ou* fui,	monit us sum,	lect us sum,	audit us sum.
Plus-que-parf.	Amat us eram *ou* [fueram,	monit us eram,	lect us eram,	audit us eram.
Futur.	Am abor, aberis,	mon ebor, eberis,	leg ar, eris,	aud iar, ieris.
Futur antér.	Amat us ero *ou* fuero,	monit us ero,	lect us ero,	audit us ero.
IMPÉRATIF.	Am are, ator,	mon ere, etor,	leg ere, itor,	aud ire, itor.
SUBJONCTIF.				
Présent.	Am er, eris,	mon ear, earis,	leg ar, aris,	aud iar, iaris.
Imparfait.	Am arer, areris,	mon erer, ereris,	leg erer, ereris,	aud irer, ireris.
Parfait.	Amat us sim *ou* fue- [rim,	monit us sim,	lect us sim,	audit us sim.
Plus-que-parf.	Amat us essem *ou* [fuissem,	monit us essem,	lectus essem,	audit us essem.
INFINITIF.	Am ari,	mon eri,	leg i,	aud iri.

FORMATION DES TEMPS DU PASSIF.

62. Temps simples. — Les temps simples du passif se forment des mêmes temps de l'actif en ajoutant *r* à ceux qui sont terminés en *o*. Ex. : *Amo, amor; amabo, amabor;* et en changeant *m* en *r* à ceux qui sont terminés en *m*. Ex. : *Amabam, amabar; amarem, amarer; legam, legar; audiam, audiar* (1).

II. Temps composés. — Les temps *composés* ne sont autre chose que le participe passé du verbe que l'on conjugue, joint à l'auxiliaire *esse*.

RÈGLE DES VERBES PASSIFS.

Amor a Deo.

De ou *par*, après un verbe passif, s'exprime en latin par *a* ou *ab*, et le nom suivant se met à l'ablatif, si c'est un nom de personne. Ex. : Je suis aimé de Dieu, *amor a Deo*.

Si le nom suivant est un nom de chose, on le met à l'ablatif sans *a* ou *ab*. Ex. : Je suis accablé de chagrin, *mœrore conficior*.

63. Verbes neutres ou intransitifs.

Les verbes neutres se conjuguent comme les verbes actifs, mais ils n'ont point de passif.

La plupart des verbes neutres gouvernent le datif.

Ex. : Il nuit aux autres, *nocet aliis*. Nous favorisons la noblesse, *favemus nobilitati*.

Verbes déponents.

64. Il y a en latin un assez grand nombre de verbes qui, avec la terminaison passive en *or*, ont la signification active ou neutre : on les appelle *déponents*.

Les verbes déponents se conjuguent comme les verbes passifs; seulement, ils ont, de plus que les verbes passifs : 1° les gérondifs; 2° le participe présent en *ans* ou en *ens* 3° le participe futur en *urus, a, um;* 4° le supin en *um*.

Les verbes déponents seuls ont un participe passé actif : *imitatus*, ayant imité; *pollicitus*, ayant promis, etc.

(1) Le supin passif se forme du supin actif en changeant *um* en *u* : *amatum, amatu; monitum, monitu; lectum, lectu; auditum, auditu.*

INDICATIF.	IMPÉRATIF.
PRÉSENT. *J'imite.* *S.* Imit or. Imit aris *ou* imit are. Imit atur. *Pl.* Imit amur. Imit amini. Imit antur.	Point de première personne. Imit are *ou* imit ator, *imite.* Imit ator (ille). Imit emur. Imit amini. Imit antor.
IMPARFAIT. *J'imitais.* *S.* Imit abar. Imit abaris *ou* imit abare. Imit abatur. *Pl.* Imit abamur. Imit abamini. Imit abantur.	. . . .
PARFAIT. *J'ai imité, j'imitai* ou *j'eus imité.* *S.* Imitat us sum *ou* fui. Imitat us es *ou* fuisti. Imitat us est *ou* fuit. *Pl.* Imitat i sumus *ou* fuimus. Imitat i estis *ou* fuistis. Imitat i sunt *ou* fuerunt.	. . . .
PLUS-QUE-PARFAIT. *J'avais imité.* *S.* Imitat us eram *ou* fueram. Imitat us eras *ou* fueras. Imitat us erat *ou* fuerat. *Pl.* Imitat i eramus *ou* fueramus. Imitat i eratis *ou* fueratis. Imitat i erant *ou* fuerant.	. . . .
FUTUR. *J'imiterai.* *S.* Imit abor. Imit aberis *ou* imit abere. Imit abitur. *Pl.* Imit abimur. Imit abimini. Imit abuntur.	. . . .
FUTUR ANTÉRIEUR. *J'aurai imité.* *S.* Imitat us ero *ou* fuero. Imitat us eris *ou* fueris. Imitat us erit *ou* fuerit. *Pl.* Imitat i erimus *ou* fuerimus. Imitat i eritis *ou* fueritis. Imitat i erunt *ou* fuerint.	. . . .

Ainsi se conjuguent : *Mir ari, mir or, mirat us sum,* admirer ;— *Hort ari, hort or, hortat us sum,* exhorter.

SUBJONCTIF.	INFINITIF.	PARTICIPE.
Que j'imite. Imit er. Imit eris *ou* imit ere. Imit etur. Imit emur. Imit emini. Imit entur.	Imit ari, *imiter.*	Imit ans, *imitant.*
Que j'imitasse ou *j'imiterais.* Imit arer. Imit areris *ou* imit arere. Imit aretur. Imit aremur. Imit aremini. Imit arentur.		
Que j'aie imité. Imitat us sim *ou* fuerim. Imitat us sis *ou* fueris. Imitat us sit *ou* fuerit. Imitat i simus *ou* fuerimus. Imitat i sitis *ou* fueritis. Imitat i sint *ou* fuerint.	Imitat um (am, um) esse *ou* fuisse, *avoir imité.*	Imitat us, a, um, *ayant imité*
Que j'eusse imité ou *j'aurais imité.* Imitat us essem *ou* fuissem. Imitat us esses *ou* fuisses. Imitat us esset *ou* fuisset. Imitat i essemus *ou* fuissemus. Imitat i essetis *ou* fuissetis. Imitat i essent *ou* fuissent.		
. . . .	Imitat urum (am, um) esse, *devoir imiter.*	ACTIF. Imitat urus, a, um, *devant imiter.* PASSIF. Imit andus, a, um, *devant être imité.*
. . . .	Imitat urum (am, um) fuisse, *avoir dû imiter.* GÉRONDIF. Imit andi, *d'imiter.* Imit ando, *à imiter.* (Ad) imit andum, *à* ou *pour imiter.*	SUPIN. ACTIF. Imitat um, *à* ou *pour imiter.* PASSIF. Imitat u, *à* ou *pour être imité.*

Ainsi se conjuguent : *Prec ari, prec or, precat us sum,* prier ; — *Vener ari, vener or, venerat us sum,* respecter.

INDICATIF.	IMPÉRATIF.
PRÉSENT. *Je promets.* *S.* Pollic eor. Pollic eris *ou* pollic ere. Pollic etur. *Pl.* Pollic emur. Pollic emini. Pollic entur.	Point de première personne. Pollic ere *ou* pollic etor, *promets.* Pollic etor (ille). Pollic eamur. Pollic emini. Pollic entor.
IMPARFAIT. *Je promettais.* *S.* Pollic ebar. Pollic ebaris *ou* pollic ebare. Pollic ebatur. *Pl.* Pollic ebamur. Pollic ebamini. Pollic ebantur.	. . . .
PARFAIT. *J'ai promis, je promis* ou *j'eus promis.* S. Pollicit us sum *ou* fui. Pollicit us es *ou* fuisti. Pollicit us est *ou* fuit. *Pl.* Pollicit i sumus *ou* fuimus. Pollicit i estis *ou* fuistis. Pollicit i sunt *ou* fuerunt.	. . . .
PLUS-QUE-PARFAIT. *J'avais promis.* *S.* Pollicit us eram *ou* fueram. Pollicit us eras *ou* fueras. Pollicit us erat *ou* fuerat. *Pl.* Pollicit i eramus *ou* fueramus. Pollicit i eratis *ou* fueratis. Pollicit i erant *ou* fuerant.	. . . .
FUTUR. *Je promettrai.* *S.* Pollic ebor. Pollic eberis *ou* pollic ebere. Pollic ebitur. *Pl.* Pollic ebimur. Pollic ebimini. Pollic ebuntur.	. . . .
FUTUR ANTÉRIEUR. *J'aurai promis.* *S.* Pollicit us ero *ou* fuero. Pollicit us eris *ou* fueris. Pollicit us erit *ou* fuerit. *Pl.* Pollicit i erimus *ou* fuerimus. Pollicit i eritis *ou* fueritis. Pollicit i erunt *ou* fuerint.	. . . .

Ainsi se conjuguent : *Miser eri, miser eor, misert us,* ou *miserit us sum,* avoir pitié; — *Ver eri, ver eor, verit us sum,* craindre.

SUBJONCTIF.	INFINITIF.	PARTICIPE.
Que je promette. Pollic ear. Pollic earis *ou* pollic eare. Pollic eatur. Pollic eamur. Pollic eamini. Pollic eantur.	Pollic eri, *promettre.*	Pollic ens, *promettant*
Que je promisse ou *je promettrais.* Pollic erer. Pollic ereris *ou* pollic erere. Pollic eretur. Pollic eremur. Pollic eremini. Pollic erentur.		
Que j'aie promis. Pollicit us sim *ou* fuerim. Pollicit us sis *ou* fueris. Pollicit us sit *ou* fuerit. Pollicit i simus *ou* fuerimus. Pollicit i sitis *ou* fueritis. Pollicit i sint *ou* fuerint.	Pollicit um (am, um) esse *ou* fuisse, *avoir promis.*	Pollicit us, a, um, *ayant promis.*
Que j'eusse promis ou *j'aurais promis.* Pollicit us essem *ou* fuissem. Pollicit us esses *ou* fuisses. Pollicit us esset *ou* fuisset. Pollicit i essemus *ou* fuissemus. Pollicit i essetis *ou* fuissetis. Pollicit i essent *ou* fuissent.		
. . . .	Pollicit urum (am, um) esse, *devoir promettre.*	ACTIF. Pollicit urus, a, um, *devant promettre.* PASSIF. Pollic endus, a, um, *devant être promis.*
. . . .	Pollicit urum (am, um) fuisse, *avoir dû promettre.* GÉRONDIF. Pollic endi, *de promettre.* Pollic endo, *à promettre.* (Ad) pollic endum, *à* ou *pour promettre.*	SUPIN. ACTIF. Pollicit um, *à* ou *pour promettre.* PASSIF. Pollicit u, *à* ou *pour être promis.*

Ainsi se conjuguent : *Fat eri, fat eor, fass us sum,* avouer; — *Tu eri, tu eor, tuit us sum,* garder.

INDICATIF.	IMPÉRATIF.
PRESENT. *Je me sers.* *S.* Ut or. Ut eris *ou* ut ere. Ut itur. *Pl.* Ut imur. Ut imini. Ut untur.	Point de première personne. Ut ere *ou* ut itor, *sers-toi.* Ut itor (ille). Ut amur. Ut imini. Ut untor.
IMPARFAIT. *Je me servais.* *S.* Ut ebar. Ut ebaris *ou* ut ebare. Ut ebatur. *Pl.* Ut ebamur. Ut ebamini. Ut ebantur.	. . . .
PARFAIT. *Je me suis servi, je me servis* ou *je me fus servi.* *S.* Us us sum *ou* fui. Us us es *ou* fuisti. Us us est *ou* fuit. *Pl.* Us i sumus *ou* fuimus. Us i estis *ou* fuistis. Us i sunt *ou* fuerunt.	. . . .
PLUS-QUE-PARFAIT. *Je m'étais servi.* *S.* Us us eram *ou* fueram. Us us eras *ou* fueras. Us us erat *ou* fuerat. *Pl.* Us i eramus *ou* fueramus. Us i eratis *ou* fueratis. Us i erant *ou* fuerant.	. . . .
FUTUR. *Je me servirai.* *S.* Ut ar. Ut eris *ou* ut ere. Ut etur. *Pl.* Ut emur. Ut emini. Ut entur.	. . . .
FUTUR ANTÉRIEUR. *Je me serai servi.* *S.* Us us ero *ou* fuero. Us us eris *ou* fueris. Us us erit *ou* fuerit. *Pl.* Us i erimus *ou* fuerimus. Us i eritis *ou* fueritis. Us i erunt *ou* fuerint.	. . . .

Ainsi se conjuguent : *Sequ i, sequ or, secut us sum,* suivre ; — *Loqu i, loqu or, locut us sum,* parler.

SUBJONCTIF.	INFINITIF.	PARTICIPE.
Que je me serve. Ut ar. Ut aris *ou* ut are. Ut atur. Ut amur. Ut amini. Ut antur.	Ut i, *se servir.*	Ut ens, *se servant.*
Que je me servisse ou *je me servirais.* Ut erer. Ut ereris *ou* ut erere. Ut eretur. Ut eremur. Ut eremini. Ut erentur.		
Que je me sois servi. Us us sim *ou* fuerim. Us us sis *ou* fueris. Us us sit *ou* fuerit. Us i simus *ou* fuerimus. Us i sitis *ou* fueritis. Us i sint *ou* fuerint.	Us um (am, um) esse *ou* fuisse, *s'être servi.*	Us us, a, um, *s'étant servi.*
Que je me fusse servi ou *je me serais servi.* Us us essem *ou* fuissem. Us us esses *ou* fuisses. Us us esset *ou* fuisset. Us i essemus *ou* fuissemus. Us i essetis *ou* fuissetis. Us i essent *ou* fuissent.		
. . . .	Us urum, (am, um) esse, *devoir se servir.*	ACTIF. Us urus, a, um, *devant se servir.* PASSIF. Ut endus, a, um, *dont on doit se servir.*
. . . .	Us urum (am, um) fuisse, *avoir dû se servir.* GÉRONDIF. Ut endi, *de se servir.* Ut endo. *à se servir.* (Ad) ut endum, *à ou pour se servir.*	SUPIN. ACTIF. Us um, *à ou pour se servir.* Pas de supin passif.

Ainsi se conjuguent : *Ulcisc i, ulcisc or, ult us sum*, se venger; — *Nasc i, nasc or, nat us sum*, naitre.

INDICATIF.	IMPÉRATIF.
PRÉSENT. *Je flatte.* *S.* Bland ior. Bland iris *ou* bland ire. Bland itur. *Pl.* Bland imur. Bland imini. Bland iuntur.	Point de première personne. Bland ire *ou* bland itor, *flatte.* Bland itor (ille). Bland iamur. Bland iamini. Bland iuntor.
IMPARFAIT. *Je flattais.* *S.* Bland iebar. Bland iebaris *ou* bland iebare. Bland iebatur. *Pl.* Bland iebamur. Bland iebamini. Bland iebantur.	. . . .
PARFAIT. *J'ai flatté, je flattai* ou *j'eus flatté.* *S.* Blandit us sum *ou* fui. Blandit us es *ou* fuisti. Blandit us est *ou* fuit. *Pl.* Blandit i sumus *ou* fuimus. Blandit i estis *ou* fuistis. Blandit i sunt *ou* fuerunt.	. . . .
PLUS-QUE-PARFAIT. *J'avais flatté.* *S.* Blandit us eram *ou* fueram. Blandit us eras *ou* fueras. Blandit us erat *ou* fuerat. *Pl.* Blandit i eramus *ou* fueramus. Blandit i eratis *ou* fueratis. Blandit i erant *ou* fuerant.	. . . .
FUTUR. *Je flatterai.* *S.* Bland iar. Bland ieris *ou* bland iere. Bland ietur. *Pl.* Bland iemur. Bland iemini. Bland ientur.	. . . .
FUTUR ANTÉRIEUR. *J'aurai flatté.* *S.* Blandit us ero *ou* fuero. Blandit us eris *ou* fueris. Blandit us erit *ou* fuerit. *Pl.* Blandit i erimus *ou* fuerimus. Blandit i eritis *ou* fueritis. Blandit i erunt *ou* fuerint.	. . . .

Ainsi se conjuguent : *Larg iri, larg ior, largit us sum,* donner.— *Exper iri exper ior, expert us sum,* éprouver. — *Met iri, met ior, mens us sum* mesurer. — *Part iri, part ior, partit us sum,* partager, etc.

SUBJONCTIF.	INFINITIF.	PARTICIPE.
Que je flatte. Bland iar. Bland iaris *ou* bland iare. Bland iatur. Bland iamur. Bland iamini. Bland iantur.	Bland iri, *flatter.*	Bland iens, *flattant.*
Que je flattasse ou *je flatterais.* Bland irer. Bland ireris *ou* bland irere. Bland iretur. Bland iremur. Bland iremini. Bland irentur.		
Que j'aie flatté. Blandit us sim *ou* fuerim. Blandit us sis *ou* fueris. Blandit us sit *ou* fuerit. Blandit i simus *ou* fuerimus. Blandit i sitis *ou* fueritis. Blandit i sint *ou* fuerint.	Blandit um (am, um) esse *ou* fuisse, *avoir flatté.*	Blandit us, a, um, *ayant flatté*
Que j'eusse flatté ou *j'aurais flatté.* Blandit us essem *ou* fuissem. Blandit us esses *ou* fuisses. Blandit us esset *ou* fuisset. Blandit i essemus *ou* fuissemus. Blandit i essetis *ou* fuissetis. Blandit i essent *ou* fuissent.		
. . . .	Blandit urum (am, um) esse, *devoir flatter.*	ACTIF. Blandit urus, a, um, *devant flatter.* Pas de participe passif.
. . . .	Blandit urum (am, um) fuisse, *avoir dû flatter.* GÉRONDIF. Bland iendi, *de flatter.* Bland iendo, *à flatter.* (Ad) bland iendum, *à* ou *pour flatter.*	SUPIN. ACTIF. Blandit um, *à* ou *pour flatter.* Pas de supin passif.

y a aussi des verbes déponents qui tiennent de la troisième conjugaison *utor*, et de la quatrième *blandior :* tels sont *pat ior, pat i,* souffrir; *grad ior, grad i,* marcher; ils se conjuguent absolument comme *accip ior, accip i.*

Quelques verbes latins ont la forme active dans leurs temps simplc
cette raison *semi-déponents.*

Ces verbes sont au nombre de six : trois appartiennent à la deuxièr

INDICATIF.	IMPÉRATIF.
PRÉSENT. Gaud eo, *je me réjouis.* Gaud es, *tu te réjouis.* Gaud et, *il se réjouit.* Gaud emus, *nous nous réjouissons.* Gaud etis, *vous vous réjouissez.* Gaud ent, *ils se réjouissent.*	Point de première personne. Gaud e *ou* gaud eto, *réjouis-toi.* Gaud eto (ille), *qu'il se réjouisse.* Gaud eamus, *réjouissons-nous.* Gaud ete, *réjouissez-vous.* Gaud ento, *qu'ils se réjouissent.*
IMPARFAIT. Gaud ebam, *je me réjouissais.* Gaud ebas, *tu te réjouissais.* Gaud ebat, *il se réjouissait.* Gaud ebamus, *nous nous réjouissions.* Gaud ebatis, *vous vous réjouissiez.* Gaud ebant, *ils se réjouissaient.*	. . . .
PARFAIT. Gavis us sum *ou* fui, *je me suis* Gavis us es, *tu t'es* Gavis us est, *il s'est* Gavis i sumus, *nous nous sommes* Gavis i estis, *vous vous êtes* Gavis i sunt, *ils se sont* } *réjouis. réjoui.*	. . . .
PLUS-QUE-PARFAIT. Gavis us eram *ou* fueram, *je m'étais* Gavis us eras, *tu t'étais* Gavis us erat, *il s'était* Gavis i eramus, *nous nous étions* Gavis i eratis, *vous vous étiez* Gavis i erant, *ils s'étaient* } *réjouis. réjoui.*	. . . .
FUTUR. Gaud ebo, *je me réjouirai.* Gaud ebis, *tu te réjouiras.* Gaud ebit, *il se réjouira.* Gaud ebimus, *nous nous réjouirons.* Gaud ebitis, *vous vous réjouirez.* Gaud ebunt, *ils se réjouiront.*	. . . .
FUTUR ANTÉRIEUR. Gavis us ero *ou* fuero, *je me serai* Gavis us eris, *tu te seras* Gavis us erit, *il se sera* Gavis i erimus, *nous nous serons* Gavis i eritis, *vous vous serez* Gavis i erunt, *ils se seront* } *réjouis. réjoui.*	. . . .

Ainsi se conjuguent : Audeo, es, ausus sum, audere (actif, *oser*). — Soleo, es, solitus sum, solere (neutre), *avoir coutume.* — Fido, is, fisus sum, fidere

la forme passive dans leurs temps composés ; on les appelle pour

njugaison ; les trois autres, à la troisième.

SUBJONCTIF.	INFINITIF.	PARTICIPE.
Gaud eam, *que je me réjouisse.* Gaud eas, *que tu te réjouisses.* Gaud eat, *qu'il se réjouisse.* Gaud eamus, *q. nous nous réjouissions.* Gaud eatis, *que vous vous réjouissiez.* Gaud eant, *qu'ils se réjouissent.*	Gaudere, *se réjouir.*	Gaud ens, entis, *se réjouissant.*
Gaud erem, *que je me réjouisse.* Gaud eres, *que tu te réjouisses.* Gaud eret, *qu'il se réjouît.* Gaud eremus, *q. nous nous réjouissions.* Gaud eretis, *que vous vous réjouissiez.* Gaud erent, *qu'ils se réjouissent.*		
Gavis us sim, *que je me sois* Gavis us sis, *que tu te sois* Gavis us sit, *qu'il se soit* } *réjoui.* Gavis i simus, *q. n. nous soyons* Gavis i sitis, *q. v. vous soyez* Gavis i sint, *qu'ils se soient* } *réjouis.*	Gavis um, am esse ou fuisse, *s'être réjoui.*	Gavis us, a, um, *s'étant réjoui.*
Gavis us essem, *que je me fusse* Gavis us esses, *que tu te fusses* Gavis us esset, *qu'il se fût* } *réjoui.* Gavis i essemus, *q. n. nous fussions* Gavis i essetis, *q. v. vous fussiez* Gavis i essent, *qu'ils se fussent* } *réjouis.*		
. . . .	Gavis urum, am esse, *devoir se réjouir.*	Gavisurus, a, um, *devant se réjouir.*
. . . .	Gavis urum, am fuisse, *avoir dû se réjouir.* GÉRONDIF. Gaud endi, *de se réjouir.* Gaud endo, *à se réjouir.* (Ad) gaud endum, *à ou pour se réjouir.*	SUPIN. Gavis um, *à ou pour se réjouir.*

(neutre), *se fier.* — Confido, is, confisus sum, confidere (neutre), *se confier.* — Diffido, is, diffisus sum, diffidere (neutre), *se défier.*

RÈGLE DES VERBES DÉPONENTS.

Imitor patrem.

Un grand nombre de verbes déponents gouvernent l'accusatif.

Ex. : J'imite mon père, *imitor patrem.* Nous admirons la vertu, *miramur virtutem.*

REMARQUE. — Le dictionnaire indique, pour chaque verbe déponent, le cas qu'il régit.

Ex. : Ayez pitié des pauvres, *miserere paupĕrum* (gén.).
Il flatte le maître, *blanditur magistro* (dat.).
Je me sers de livres, *utor libris* (abl.)

Verbes impersonnels.

70. On appelle verbe *impersonnel* celui qui ne s'emploie dans tous les temps qu'à la troisième personne du singulier.

INDICATIF.	SUBJONCTIF.	INFINITIF.
PRÉSENT. Oport et, *il faut.*	Oport eat, *qu'il faille.*	Oportere, *falloir.*
IMPARF. Oport ebat, *il fallait.*	Oport eret, *qu'il fallût.*	Oportuisse *avoir fallu.*
PARFAIT. Oport uit, *il a fallu.*	Oportue rit, *qu'il ait fallu.*	
P.-Q.-P. Oport uerat, *il avait fallu.*	Oportu isset, *qu'il eût fallu.*	
FUTUR. Oport ebit, *il faudra.*	. . . .	
FUT. PAS. Oportu erit, *il aura fallu.*	. . . .	

REMARQUE. — Les verbes impersonnels n'ont ni impératif, ni gérondif, ni participe, ni supin.

Ainsi se conjuguent :

Decet, decebat, decuit, decere, decuisse, *il sied.*

Dedecet, dedecebat, dedecuit, dedecere, dedecuisse, *il messied.*

Licet, licebat, licuit, licere, licuisse, *il est permis.*

Libet, libebat, libuit, libere, libuisse, *il plaît.*

71. Me pœnitet.

INDICATIF PRÉSENT.

Sing.	me Pœnit et,	*je me repens.*
	te Pœnit et,	*tu te repens.*
	illum, illam Pœnit et,	*il, elle se repent.*
Plur.	nos Pœnit et,	*nous nous repentons.*
	vos Pœnit et,	*vous vous repentez.*
	illos, illas Pœnit et,	*ils, elles se repentent.*
Imparfait.	me Pœnit ebat,	*je me repentais,* etc.
Parfait.	me Pœnit uit,	*je me suis repenti,* etc.
Plus-que-p.	me Pœnit uerat,	*je m'étais repenti.*
Futur.	me Pœnit ebit,	*je me repentirai.*
Futur passé	me Pœnit uerit,	*je me serai repenti.*

SUBJONCTIF.

Présent.	me Pœnit eat,	*que je me repente,* etc.
Imparfait.	me Pœnit eret,	*que je me repentisse.*
Parfait.	me Pœnit uerit,	*que je me sois repenti.*
Plus-que-p.	me Pœnit uisset,	*que je me fusse repenti.*

INFINITIF PRÉSENT ET IMPARFAIT. Pœnit ere, *se repentir.*

PARFAIT ET PLUS-QUE-PARFAIT. Pœnit uisse, *s'être repenti.*

PARTICIPE PRÉSENT. Pœnit ens, entis, *se repentant.*

PARTICIPE FUTUR PASSIF.

Pœnit endus, pœnit enda, pœnit endum, *dont on doit se* [*repentir.*

GÉRONDIF.

Pœnit endi,	*de se repentir.*
Pœnit endo,	*en se repentant.*
Pœnit endum,	*à* ou *pour se repentir.*

Ainsi se conjuguent :

Me pudet, puduit, pudere, *j'ai honte*. Les participes *pudens*, réservé, *pudendus*, honteux, sont pris adjectivement.

Me piget, piguit, pigere, *je suis fâché*.

Me tædet, pertæsum est, tædere, *je m'ennuie*. Pas de gérondif ni de participes, excepté *pertæsus*, ennuyé de.

Me miseret, misertum est (pas d'infinitif), *j'ai pitié*.

RÈGLE DE PŒNITET.

Me pœnitet culparum mearum.

Les cinq verbes *me pœnitet, me pudet, me piget, me tædet, me miseret*, équivalent à *pœnitentia me tenet*, le repentir me tient ; *pudor me tenet*, la honte me tient ; *pigritia me tenet*, le regret me tient ; *tædium me tenet*, l'ennui me tient ; *misericordia me tenet*, la pitié me tient. Voilà pourquoi ils veulent le nom de la personne à l'accusatif et le nom de la chose au génitif.

Ex. : Je me repens de mes fautes (*tournez*, le repentir de mes fautes me tient), *me pœnitet culparum mearum*.

Verbes impersonnels passifs.

72. On peut donner la forme impersonnelle à la plupart des verbes actifs en les employant au passif à la troisième personne du singulier. Le verbe latin répond au verbe actif français précédé du pronom indéfini *on*.

INDICATIF.	SUBJONCTIF.
PRÉSENT. Dic itur, *on dit*.	Dic atur, *qu'on dise*.
IMPARFAIT. Dic ebatur, *on disait*.	Dic eretur, *qu'on dît*.
PARFAIT. Dict um est *ou* fuit, *on a dit*.	Dict um sit *ou* fuerit, *qu'on ait dit*.
PL.-Q.-PARF. Dict um erat *ou* fuerat, *on avait dit*.	Dict um esset *ou* fuisset, *qu'on eût dit*.
FUTUR. Dic etur, *on dira*.	. . . .
FUT. PASSÉ. Dict um erit *ou* fuerit, *on aura dit*.	. . . .

CHAPITRE V.

CINQUIÈME ESPÈCE DE MOTS.

LE PARTICIPE.

73. Le *participe* est un mot qui tient à la fois de l'adjectif et du verbe.

Il y a en latin trois participes : le participe présent, le participe passé et le participe futur.

Tous les participes présents se déclinent sur *prudens, prudentis,* mais l'ablatif singulier est toujours en *e ;* les participes passés et les participes futurs se déclinent sur *bonus, a, um.*

Les verbes actifs n'ont que deux participes : le participe présent, comme *amans, monens, legens, audiens,* et le participe futur, comme *amaturus, moniturus, lecturus, auditurus.*

Les verbes passifs n'ont également que deux participes : le participe passé, comme *amatus, monitus, lectus, auditus,* et le participe futur, comme *amandus, monendus, legendus, audiendus.*

Les verbes déponents sont les seuls qui aient les trois participes : le participe présent : *imitans, pollicens ;* le participe passé actif : *imitatus, pollicitus ;* le participe futur actif et passif : *imitaturus* et *imitandus, polliciturus* et *pollicendus.*

CHAPITRE VI.

SIXIÈME ESPÈCE DE MOTS.

LA PRÉPOSITION.

74. La *préposition* est un mot invariable qui sert à unir deux mots et à en marquer le rapport.

Quand je dis : *Le livre de Pierre, de* marque le rapport qu'il y a entre les mots *livre, Pierre.*

75. Parmi les prépositions, trente se construisent avec l'accusatif; douze, avec l'ablatif.

I. Prépositions qui se construisent avec l'accusatif.

Ad, *auprès, chez, pour.*
Adversùm, adversùs, *contre, vis-à-vis de.*
Ante, *devant, avant.*
Apud, *auprès, chez.*
Circa, *auprès, environ.*
Circiter, *environ, à peu près.*
Circùm, *autour, alentour.*
Cis, citra, *deçà, en deçà.*
Contra, *contre, vis-à-vis, à l'opposite.*
Erga, *envers, à l'égard de.*
Extra, *hors, outre, excepté.*
Infra, *sous, au-dessous.*
Inter, *entre, parmi.*
Intra, *dans, au dedans, dans l'espace de.*
Juxta, *auprès, proche.*
Ob, *pour, devant, à cause de.*
Penes, *en la puissance de.*
Per, *par, durant, au travers de, pendant.*
Ponè, *après, derrière, par derrière.*
Post, *après, depuis.*
Præter, *excepté, hormis, outre.*
Prope, *proche, près de, auprès.*
Propter, *pour, à cause de.*
Secundùm, *selon, suivant, auprès de, le long de.*
Secus, *auprès de, le long de.*
Supra, *sur, au-dessus de.*
Trans, *au delà, par delà.*
Versùs, *vers, du côté de.*
Ultra, *au delà, par delà.*
Usque, *jusqu'à.*

II. Prépositions qui se construisent avec l'ablatif.

A, ab, abs, *de, depuis, par.*
Absque, sine, *sans.*
Clam, *à l'insu de.*
Coram, *devant, en présence de.*
Cum, *avec.*
De, *de, sur* ou *touchant.*
E, ex, *de, par.*
Palam, *devant, en présence de.*
Præ, *devant, en comparaison de, au-dessus de.*
Pro, *pour, au lieu de, selon, devant.*
Tenùs, *jusqu'à.*

76. Les quatre prépositions suivantes se construisent avec l'accusatif quand elles sont jointes à un verbe de mouvement, et avec l'ablatif quand elles sont jointes à un verbe de repos.

In, *en, dans, sur.*
Subter, *sous, au-dessous de.*
Sub, *sous, au-dessous de.*
Super, *sur, au-dessus de.*

CHAPITRE VII.

SEPTIÈME ESPÈCE DE MOTS.

L'ADVERBE.

77. L'*adverbe* est un mot qui sert à modifier un verbe, un adjectif ou un autre adverbe.

Ex. : Le ruisseau *coule lentement.*
Cet enfant est *malade aujourd'hui.*
Jean dort *très-profondément.*

Dans chacun de ces exemples, l'adverbe ajoute au verbe, à l'adjectif, etc., une circonstance particulière : circonstance de *manière* dans *le ruisseau coule lentement;* circonstance de *temps* dans *cet enfant est malade aujourd'hui.* C'est ce qu'on appelle modifier.

78. Les circonstances ou modifications exprimées par l'adverbe peuvent se réduire à dix, à savoir : le lieu, le temps, la quantité, l'interrogation, l'affirmation, la négation, le doute, la ressemblance, la différence, la manière.

Adverbes de lieu.

79. Tous les adverbes de lieu répondent aux quatre questions suivantes : *ubi,* où? indiquant le lieu où l'on est, où l'on fait quelque chose; *quo?* où? indiquant le lieu où l'on va ; *unde,* d'où? indiquant le lieu où l'on vient ; *quà,* par où? indiquant le lieu par où l'on passe.

Voici le tableau de ces adverbes :

QUESTION *ubi?* LIEU OÙ L'ON EST.	QUESTION *quo?* LIEU OÙ L'ON VA.	QUESTION *unde?* LIEU D'OÙ L'ON VIENT, D'OÙ L'ON SORT.	QUESTION *qua?* LIEU PAR OÙ L'ON PASSE.
Ubi? *où?*	Quo? *où?*	Unde? *d'où?*	Qua? *par où?*
Ubi, *où, là où, dans le lieu où.*	Quo, *où, là où, dans le lieu où.*	Unde, *d'où, dans le lieu d'où.*	Qua, *par où, dans le lieu par lequel.*
Ibi, *là, en ce lieu.*	Eo, *là, vers ce lieu.*	Inde, *de là.*	Ea, *par là.*
Hic, *ici (où je suis).*	Huc, *ici (où je suis).*	Hinc, *d'ici (où je suis).*	Hac, *par ici (où je suis).*
Istic, *là (où vous êtes).*	Istuc, *là (où vous êtes).*	Istinc, *de là (où vous êtes).*	Istac, *par là (où vous êtes).*
Illic, *là (où il est).*	Illuc, *là (où il est).*	Illinc, *de là (où il est).*	Illac, *par là (où il est).*
Alicubi, usquam, uspiam, *quelque part.*	Aliquo, quoquam, quopiam, *quelque part.*	Alicunde, *de quelque part.*	Aliqua, *par quelque endroit.*
		—	—
Nusquam, *nulle part.*	—	—	—
Ibidem, *au même endroit.*	Eodem, *vers le même lieu.*	Indidem, *du même lieu.*	Eadem, *par le même endroit.*
Alibi, *ailleurs.*	Alio, *ailleurs.*	Aliunde, *d'ailleurs.*	Alia, *par un autre endroit.*
Ubique, *partout.*	Quovis, quolibet, *partout, vers un lieu quelconque.*	Undique, *de toutes parts.*	Qualibet, *par un endroit quelconque.*
—		—	
Ubicumque, *partout où, en quelque lieu que.*	Quocumque, *partout où, vers quelque lieu que.*	Undecumque, *de quelque lieu que.*	Quacumque, *par quelque endroit que.*
		—	
Utrobique, *des deux côtés.*	Utroque, *des deux côtés.*	Utrinque, *des deux côtés.*	—
Intus, *dedans.*	Intro, *dedans.*	Intrinsecus, *de dedans.*	—
Foris, *dehors.*	Foras, *dehors.*	Extrinsecus, *de dehors.*	—
Late, *au loin.*	Late, *au loin.*	Longe,	—
—	—	Procul, *de loin.*	—
—	—	Eminus,	—
Prope, *près.*	—	Cominus, *de près.*	—
Passim, *çà et là.*	—	—	—
—	Retro, retrorsum, *en arrière.*	—	—
—	Obviam, *à la rencontre.*	—	—
—	Usque, *jusqu'à.*	—	—

80. Adverbes de temps.

Hodie,	*aujourd'hui.*
Heri (here),	*hier.*
Hudius tertius,	*avant-hier.*
Cras,	*demain.*
Perendie,	*après-demain.*
Pridie,	*la veille.*
Postridie,	*le lendemain.*
Mane,	*le matin.*
Vespere, vesperi,	*le soir.*
Interdiu,	*de jour.*
Noctu,	*de nuit.*
Noctu diuque,	*jour et nuit.*
Nunc,	*maintenant.*
Tunc, tum,	*alors.*
Jam,	*déjà.*
Mox,	*bientôt.*
Nondum,	*pas encore.*
Nuper,	*dernièrement.*
Pridem, jampridem, Dudum, jamdudum,	*depuis longtemps.*
Olim, Quondam,	*autrefois, jadis, un jour.*
Sæpe,	*souvent.*
Nunquam,	*jamais.*
Tandem,	*enfin.*
Aliquando, Nonnunquam, Interdum,	*quelquefois.*
Adhuc,	*encore, jusqu'ici.*
Etiamnunc,	*encore aujourd'hui.*
Etiamtum,	*encore alors.*
Simul,	*en même temps.*
Quotidie,	*tous les jours.*
Quotannis,	*tous les ans.*
Deinde, dein,	*ensuite.*
Antea,	*auparavant.*

Quando?	*quand?*
Postea,	*dans la suite.*
Antehac,	*ci-devant.*
Posthac,	*désormais.*
Interea,	*pendant ce temps.*
Interim,	*en attendant.*
Protinus,	*aussitôt.*
Quandiu?	*combien de temps?*
Aliquandiu,	*quelque temps.*
Diu,	*longtemps.*
Tandiu, tam diu,	*si longtemps.*
Semper,	*toujours.*
Paulisper,	*pendant peu de temps.*
Parumper,	*pour peu de temps.*

81. Adverbes de quantité.

Les adverbes de quantité répondent à la question *combien?*

Quantum?	*combien?*
Aliquantum,	*un peu.*
Tantum,	*tant, autant.*
Multum,	*beaucoup.*
Plurimum,	*le plus.*
Maxime,	*le plus, très.*
Parum,	*peu, trop peu.*
Paulum,	*peu, un peu.*
Plus,	*plus.*
Magis,	*plus.*
Minus,	*moins.*
Minime,	*le moins, très-peu.*

82. Adverbes d'interrogation.

An, anne, Ne (après un mot),	*est-ce, est-ce que?*
Nonne,	*n'est-ce pas, n'est-ce pas que?*
Num,	*est-ce que.*

83. Adverbes d'affirmation.

Ita, *ainsi.*
Etiam, *même.*
Næ, certè, Sane, Profecto, *certes, assurément.*
Quidem, Equidem, *à la vérité.*
Nimirùm, Scilicet, Videlicet, *sans doute, c'est-à-dire.*
Imo, *bien plus, et même.*
Præsertim, Præcipue, Imprimis, *principalement, surtout.*

84. Adverbes de négation.

Non, *non, ne... pas.*
Haud, *ne... point.*
Ne (pour défendre) *ne... pas.*
Ne... quidem, *ne pas même.*
Nequaquam, Haudquaquam, *pas du tout.*
Neutiquam, *en aucune façon.*
Minimè, *nullement.*

85. Adverbes de doute.

Fortasse, Forsitan, *peut-être.*
Forsan, *peut-être.*
Fortè, *par hasard.*

86. Adverbes de ressemblance ou d'union.

Sic, Ita, Item, Perinde, *ainsi, de même.*
Pariter, *pareillement.*
Quoque, *aussi.*
Simul, una, *ensemble, en même temps.*
Conjunctim, *conjointement.*
Universatim, Universe, *généralement, en général.*

87. Adverbes de différence ou de séparation.

Aliter, *autrement.*
Alioqui, alioquin, *d'ailleurs.*
Privatim, *séparément.*
Seorsim, *à part.*

88. Adverbes de manière.

Doctus, docti, *savant;*	doctè, *savamment.*
Liber, liberi, *libre;*	liberè, *librement.*
Fortis, fortis, *courageux;*	fortiter, *courageusement.*
Alacer, alacris, *gai;*	alacriter, *gaiement.*
Felix, felicis, *heureux;*	feliciter, *heureusement.*

DEGRÉS DE SIGNIFICATION DANS LES ADVERBES.

89. Les adverbes de manière formés d'adjectifs ont, comme ceux-ci, un comparatif et un superlatif.

Le comparatif de l'adverbe n'est autre chose que le comparatif neutre de l'adjectif correspondant.

Le superlatif se tire de celui de l'adjectif par le changement de *us* en *e*.

POSITIF.	COMPARATIF.	SUPERLATIF.
Docte,	doctius,	doctissime,
Savamment,	*plus savamment,*	*très-savamment.*
Fortiter,	fortius,	fortissime,
Courageusement,	*plus courageusement,*	*très-courageusement.*
Cito,	citius,	citissime,
Vite,	*plus vite,*	*très-vite.*
Bene,	melius,	optime,
Bien,	*mieux,*	*très-bien.*
Male,	pejus,	pessime,
Mal,	*plus mal,*	*très-mal.*

CHAPITRE VIII.

HUITIÈME ESPÈCE DE MOTS.

—

LA CONJONCTION.

90. La *conjonction* est un mot invariable qui sert à unir deux propositions et à en marquer le rapport

Ex. : Pierre joue *et* Paul travaille.

91. Les propositions sont liées entre elles de deux manières : tantôt elles sont simplement placées les unes à côté des autres ou *coordonnées;* tantôt elles sont dépendantes les unes des autres ou *subordonnées.*

De là deux classes de conjonctions : conjonctions de *coordination,* conjonctions de *subordination.*

92. Conjonctions de coordination.

Et, ac, atque, que (*après un mot*),	*et.*
Aut, vel, ve (*après un mot*),	*ou.*
Nec, neque,	*ni.*
At, sed, verum; vero *et* autem (*après un mot*),	*mais.*
Nam, enim (*après un mot*), etenim, namque, nempe, quippe,	*car.*
Atqui, porro, vero, autem,	*or.*
Ergo, igitur, itaque,	*donc.*
Tamen, attamen, verumtamen,	*cependant.*
Ideo, itaque, quamobrem, quare, idcirco, quapropter, quocirca, proinde,	*c'est pourquoi.*

93. Conjonction de subordination.

Si,	*si.*
An, num, utrum (*entre deux verbes*),	*si.*
Sin, sin autem, sin vero,	*mais si.*
Si non, si minus, sin minus, sin aliter,	*sinon.*
Nisi, *et par contraction* ni,	*à moins que.*
Sive, seu,	*soit que.*
Modo, si modo, dum, dummodo,	*pourvu que.*
Ut, sicut, velut, veluti, tanquam, ceu, quemadmodum,	*comme.*
Quasi, perinde ac si,	*comme si.*
Etsi, etiamsi, tametsi, quamquam, quamvis, licet,	*quoique.*
Ut, quo (*avec un comparatif*),	*afin que.*
Ne,	*de peur que.*
Quin, quominus,	*que... ne.*
Quia, quoniam, quod,	*parce que.*
Quum, quandoquidem,	*puisque.*
Quum, quando,	*lorsque.*
Dum,	*tandis que.*
Donec, dum, quoad	*jusqu'à ce que.*
Antequam, priusquam,	*avant que.*
Postquam, postcaquam,	*après que.*

Ut primum, ubi primum, simul, simul ac *ou* atque,	*dès que.*
Utcumque, quomodocumque,	*de quelque manière que.*
Ut, utpote,	*en tant que.*
Ut, *et dans les comparaisons* quam,	*que.*

CHAPITRE IX.

NEUVIÈME ESPÈCE DE MOTS.

L'INTERJECTION.

94. L'*interjection* est un mot invariable qui sert à exprimer les sentiments vifs et subits de l'âme, la joie, la douleur, la surprise, etc.

Pour menacer.	Hei ! væ ! *malheur à !*
Pour l'admiration.	Papæ ! hui ! *ô ! ah ! oh ! ho !*
Pour l'indignation.	Proh ! heu ! *ô ! oh ! ah !*
Pour la douleur.	Hei ! heu ! *ah ! hélas !*
Pour marquer la joie.	O ! evax ! *oh ! ah !*

L'usage apprendra les autres.

SUPPLÉMENT
A LA
PREMIÈRE PARTIE.

SUPPLÉMENT AU NOM.

PREMIÈRE DÉCLINAISON.

95. Quelques noms de la première déclinaison ont le datif et l'ablatif du pluriel en *abus,* comme :

PLURIEL.

Nom.	Fili æ,	*les filles.*
Voc.	o Fili æ,	*ô filles.*
Gén.	Fili arum,	*des filles.*
Dat.	Fili abus,	*aux filles.*
Acc.	Fili as,	*les filles.*
Abl.	Fili abus,	*des filles.*

96. Il y a des noms de la première déclinaison, tirés du grec, dont le nominatif est en *e,* et qui font au génitif *es,* à l'accusatif *en,* comme :

SINGULIER.

Nom.	Music e,	*la musique.*
Voc.	o Music e,	*ô musique.*
Gén.	Music es,	*de la musique.*
Dat.	Music æ,	*à la musique.*
Acc.	Music en,	*la musique.*
Abl.	Music e,	*de la musique.*

Ainsi se déclinent :

Grammatic e, es, la grammaire. *Cybel e, es,* Cybèle.
Rhetoric e, es, la rhétorique. *Epitom e, es,* l'abrégé.

Remarques. — I. Ces noms en *e* sont tous féminins.

II. La plupart de ces noms ont aussi la forme latine en *a,* qui est plus usitée. On dit *musica, grammatica, rhetorica.*

97. Il y a des noms masculins, également tirés du grec, dont le nominatif est en *es* ou en *as.*

En voici la déclinaison :

SINGULIER.

Nom.	Comet es,	*la comète.*	Æne as,	*Enée.*
Voc.	o Comet e,	*ô comète.*	o Æne a,	*ô Enée.*
Gén.	Comet æ,	*de la comète.*	Æne æ,	*d'Enée.*
Dat.	Comet æ,	*à la comète.*	Æne æ,	*à Enée.*
Acc.	Comet en *et* am	*la comète.*	Æne an *et* am,	*Enée.*
Abl.	Comet e *et* a,	*de la comète.*	Æne a,	*d'Enée.*

DEUXIÈME DÉCLINAISON.

98. Les deux noms communs *filius,* fils ; *genius,* génie, ont le vocatif en *i : fili, genï.*

Il en est de même de tous les noms propres romains en *ius,* comme *Virgilius,* Virgile ; *Antonius,* Antoine ; *Horatius*, Horace : *Virgili, Antoni, Horati.*

99. Le nom *Deus,* Dieu, a le vocatif semblable au nominatif.

Au pluriel, *Deus* change l'*e* du radical en *i* au nominatif, au vocatif, au datif et à l'ablatif.

Nom.	Di i,	*les Dieux.*
Voc.	o Di i,	*ô Dieux.*
Gén.	De orum,	*des Dieux.*
Dat.	Di is,	*aux Dieux.*
Acc.	De os,	*les Dieux.*
Abl.	Di is,	*des Dieux.*

NOMS TIRÉS DU GREC.

100. La deuxième déclinaison renferme quelques noms propres en *eus* qui sont tirés du grec et qui conservent au génitif et à l'accusatif la forme qu'ils avaient en grec. Ces noms ont le vocatif en *eu.*

SINGULIER.

Nom.	Orph eus,		*Orphée.*
Voc.	o Orph eu,		*ô Orphée.*
Gén.	Orph ei	*ou* Orph eos,	*d'Orphée.*
Dat.	Orph eo	*ou* Orphei,	*à Orphée.*

Acc.	Orph eum *ou* Orphea,		*Orphée.*
Abl.	Orph eo,		*d'Orphée.*

Déclinez de même *Perseus,* Persée ; *Theseus,* Thésée ; *Morpheus,* Morphée.

TROISIÈME DÉCLINAISON.

Accusatif singulier.

101. Il y a des noms de la troisième déclinaison qui ont l'accusatif en *im,* comme :

SINGULIER.

Nom.	Sit is,	*la soif.*
Voc.	o Sit is,	*ô soif.*
Gén.	Sit is,	*de la soif.*
Dat.	Sit i,	*à la soif.*
Acc.	Sit im,	*la soif.*
Abl.	Sit i,	*de la soif.*

NOMS TIRÉS DU GREC.

102. Les noms neutres en *ma,* tirés du grec, ont une double forme au datif et à l'ablatif du pluriel.

SINGULIER.

Nom.	Poem a,	*le poëme.*
Voc.	o Poem a,	*ô poëme.*
Gén.	Poem atis,	*du poëme.*
Dat.	Poem ati,	*au poëme.*
Acc.	Poem a,	*le poëme.*
Abl.	Poem ate,	*du poëme.*

PLURIEL.

Nom.	Poem ata,	*les poëmes.*
Voc.	o Poem ata,	*ô poëmes.*
Gén.	Poem atum,	*des poëmes.*
Dat.	Poem atis *ou* atibus,	*aux poëmes.*
Acc.	Poem ata,	*les poëmes.*
Abl.	Poem atis *ou* atibus,	*des poëmes.*

Déclinez de même : *ænigm a, atis,* énigme ; *diadem a, atis,* diadème ; *dogm a, atis,* dogme ; *stratagem a, atis,* stratagème.

Remarque. — Dans ces noms neutres, le datif pluriel en *is* est le plus usité.

103. Plusieurs noms féminins en *esis* tirés du grec ont la double forme latine et grecque à l'accusatif du singulier ; le génitif de forme grecque en *eos* ne se rencontre pas dans les auteurs classiques.

SINGULIER.

Nom.	Hæres is,	*l'hérésie.*
Voc.	o Hæres is,	*ô hérésie.*
Gén.	Hæres is,	*de l'hérésie.*
Dat.	Hæres i,	*à l'hérésie.*
Acc.	Hæres im *ou* Hæres in,	*l'hérésie.*
Abl.	Hæres i,	*de l'hérésie.*

Le pluriel est inusité, excepté dans *metamorphosis*, métamorphose, qui suit la déclinaison grecque.

Ainsi se déclinent *poesis,* la poésie ; *thesis,* la thèse ; *Genesis,* la Genèse ; *phrasis,* la phrase ; *basis,* la base.

104. Il y a d'autres noms masculins et féminins tirés du grec, et qui ont l'accusatif singulier en *em* ou en *a,* l'accusatif pluriel en *es* ou en *as.*

SINGULIER.

Nom.	Her os,	*le héros.*
Voc.	o Her os,	*ô héros.*
Gén.	Her ois,	*du héros.*
Dat.	Her oi,	*au héros.*
Acc.	Her oem *ou* Her oa,	*le héros.*
Abl.	Her oe,	*du héros.*

PLURIEL.

Nom.	Her oes,	*les héros.*
Voc.	o Her oes,	*ô héros.*
Gén.	Her oum,	*des héros.*
Dat.	Her oibus,	*aux héros.*
Acc.	Her oes *ou* Her oas,	*les héros.*
Abl.	Her oibus,	*des héros.*

QUATRIÈME DÉCLINAISON.

Déclinaison du nom DOMUS.

105. Le nom féminin *domus*, maison, suit en partie la quatrième déclinaison, en partie la deuxième.

SINGULIER.

Nom.	Dom us,	*la maison.*
Voc.	o Dom us,	*ô maison.*
Gén.	Dom ūs *et* Dom i,	*de la maison.*
Dat.	Dom ui *et* Dom o,	*à la maison.*
Acc.	Dom um,	*la maison.*
Abl.	Dom o,	*de la maison.*

PLURIEL.

Nom.	Dom ūs,	*les maisons.*
Voc.	o Dom ūs,	*ô maisons.*
Gén.	Dom uum *et* Dom orum,	*des maisons.*
Dat.	Dom ibus,	*aux maisons.*
Acc.	Dom ūs *et* Dom os,	*les maisons.*
Abl.	Dom ibus,	*des maisons.*

DÉCLINAISON DES NOMS COMPOSÉS.

106. Si le nom composé est formé d'un substantif et d'un adjectif au nominatif, tous les deux se déclinent à tous les cas.

Nom.	Respublica, *la république.*	Jusjurandum, *le serment.*
Voc.	o Respublica.	o Jusjurandum.
Gén.	Reipublicæ.	Jurisjurandi.
Dat.	Reipublicæ.	Jurijurando.
Acc.	Rempublicam.	Jusjurandum.
Abl.	Republica.	Jurejurando.

Jusjurandum n'a pas de pluriel.

Remarque. — Dans *respublica*, *res* se décline sur la cinquième déclinaison, *publica* sur la première ; dans *jusjurandum, jus* se décline sur la troisième déclinaison (*corpus*), *jurandum* sur la deuxième (*templum*).

Mais si le nom composé est formé d'un nominatif et d'un génitif, on ne décline que le mot qui est au nominatif.

Nom.	Pater-familias, *le père de famille.*	Senatūs-consultum, *sénatus-consulte (décret du sénat).*
Voc.	o Pater-familias.	o Senatūs-consultum.
Gén.	Patris-familias.	Senatūs-consulti.
Dat.	Patri-familias.	Senatūs-consulto.
Acc.	Patrem-familias.	Senatūs-consultum.
Abl.	Patre-familias.	Senatūs-consulto.

SUPPLÉMENT A L'ADJECTIF.

COMPARATIFS ET SUPERLATIFS.

Adjectifs en ER.

107. Les adjectifs en *er* forment leur superlatif du nominatif masculin en ajoutant *rimus, rima, rimum : pulcher*, beau, *pulcherrimus, rima, rimum.*

Remarque. — Des treize adjectifs de la seconde classe en *er, is, e,* quatre seulement ont leur superlatif ; savoir : *acer, celer, celeber, saluber : acer, acerrimus, a, um,* etc.

Adjectifs en ILIS.

108. Il y a six adjectifs en *ilis* qui forment leur superlatif en ajoutant *limus, a, um* au radical :

Facil is,	*facile,*	facil limus, a, um.
Difficil is,	*difficile,*	difficil limus, a, um.
Gracil is,	*grêle,*	gracil limus, a, um.
Humil is,	*humble,*	humil limus, a, um.
Simil is,	*semblable,*	simil limus, a, um.
Dissimil is,	*différent,*	dissimil limus, a, um.

Remarques. — I. L'adjectif *imbecillus* et *imbecillis,* qui a deux formes au positif, en a également deux au superlatif : *imbecillissimus* et *imbecillimus.*

II. Les autres adjectifs en *ilis* forment régulièrement leur superlatif : *fertilis, fertilissimus,* etc.

Adjectifs en DICUS, FICUS, VOLUS.

109. Dans les adjectifs en *dicus, ficus, volus* venant

d'un verbe, on forme le comparatif en ajoutant au radical *entior;* le superlatif, en ajoutant *entissimus, a, um.*

Maledic us, *médisant;*	maledic entior,	maledic entissimus.
Benefic us, *bienfaisant;*	benefic entior,	benefic entissimus.
Malevol us, *malveillant;*	malevol entior,	malevol entissimus.

Adjectifs formant leur comparatif et leur superlatif à l'aide d'adverbes.

110. Les adjectifs en *ius, eus, uus* n'ont ni comparatif ni superlatif tirés d'eux-mêmes. On exprime le comparatif par l'adverbe *magis,* plus, et le superlatif par l'adverbe *maxime,* le plus, que l'on joint au positif.

POSITIF.	COMPARATIF.	SUPERLATIF.
Pius, *pieux;*	magis pius,	maxime pius.
Idoneus, *propre à;*	magis idoneus,	maxime idoneus.
Conspicuus, *remarquable;*	magis conspicuus,	maxime conspicuus.

COMPARATIFS ET SUPERLATIFS IRRÉGULIERS.

111. Les cinq adjectifs suivants forment leur comparatif et leur superlatif très-irrégulièrement.

POSITIF.	COMPARATIF.	SUPERLATIF.
Bonus, *bon;*	melior, *meilleur;*	optimus, *très-bon.*
Malus, *mauvais;*	pejor, *pire;*	pessimus, *très-mauvais.*
Magnus, *grand;*	major, *plus grand;*	maximus, *très-grand.*
Parvus, *petit;*	minor, *plus petit;*	minimus, *très-petit.*
Multi, *beaucoup;*	plures, *plus;*	plurimi, *très-nombreux.*

SUPPLÉMENT AU VERBE.

VERBES IRRÉGULIERS.

112. On appelle *verbes irréguliers* ceux qui, dans leur formation, s'écartent du modèle de la conjugaison à laquelle ils appartiennent.

Comme les temps formés du parfait et du supin ont les mêmes terminaisons dans tous les verbes sans exception, il n'y a que les temps formés du présent qui soient susceptibles d'irrégularités.

INDICATIF.		IMPÉRATIF.	
PRÉSENT.			
Fer o,	*je porte.*	Point de première personne.	
Fer s,	*tu portes.*	Fer *ou* fer to,	*porte.*
Fer t,	*il porte.*	Fer to (ille),	*qu'il porte.*
Fer imus,	*nous portons.*	Fer amus,	*portons.*
Fer tis,	*vous portez.*	Fer te *ou* fer tote,	*portez.*
Fer unt,	*ils portent.*	Fer unto,	*qu'ils portent.*
IMPARFAIT.			
Fer ebam,	*je portais.*		
Fer ebas,	*tu portais.*		
Fer ebat,	*il portait.*	. . . .	
Fer ebamus,	*nous portions.*		
Fer ebatis,	*vous portiez.*		
Fer ebant,	*ils portaient.*		
PARFAIT.			
Tul i,	*j'ai porté.*		
Tul isti,	*tu as porté.*		
Tul it,	*il a porté.*	. . . .	
Tul imus,	*nous avons porté.*		
Tul istis,	*vous avez porté.*		
Tul erunt *ou* tulere,	*ils ont porté.*		
PLUS-QUE-PARFAIT.			
Tul eram,	*j'avais porté.*		
Tul eras,	*tu avais porté.*		
Tul erat,	*il avait porté.*	. . . .	
Tul eramus,	*nous avions porté.*		
Tul eratis,	*vous aviez porté.*		
Tul erant,	*ils avaient porté.*		
FUTUR.			
Fer am,	*je porterai.*		
Fer es,	*tu porteras.*		
Fer et,	*il portera.*	. . . .	
Fer emus,	*nous porterons.*		
Fer etis,	*vous porterez.*		
Fer ent,	*ils porteront.*		
FUTUR ANTÉRIEUR.			
Tul ero,	*j'aurai porté.*		
Tul eris,	*tu auras porté.*		
Tul erit,	*il aura porté.*	. . . .	
Tul erimus,	*nous aurons porté.*		
Tul eritis,	*vous aurez porté.*		
Tul erint,	*ils auront porté.*		

Ainsi se conjuguent les composés de *fero : Offero, offers, obtuli, oblatu offerre,* offrir; — *Differo, differs, distuli, dilatum, differre,* différer.

SUBJONCTIF.	INFINITIF.	PARTICIPE.
Fer am, *que je porte.* Fer as, *que tu portes.* Fer at, *qu'il porte.* Fer amus, *que nous portions.* Fer atis, *que vous portiez.* Fer ant, *qu'ils portent.*	Fer re, *porter.*	Fer ens, entis, *portant.*
Fer rem, *que je portasse.* Fer res, *que tu portasses.* Fer ret, *qu'il portât.* Fer remus, *que nous portassions.* Fer retis, *que vous portassiez.* Fer rent, *qu'ils portassent.*		
Tul erim, *que j'aie porté.* Tul eris, *que tu aies porté.* Tul erit, *qu'il ait porté.* Tul erimus, *que nous ayons porté.* Tul eritis, *que vous ayez porté.* Tul erint, *qu'ils aient porté.*	Tul isse, *avoir porté.*	Pas de participe passé.
Tul issem, *que j'eusse porté.* Tul isses, *que tu eusses porté.* Tul isset, *qu'il eût porté.* Tul issemus, *q. nous eussions porté.* Tul issetis, *que vous eussiez porté.* Tul issent, *qu'ils eussent porté.*		
. . . .	Lat urum (am, um) esse, *devoir porter.*	Lat urus, a, um, *devant porter.*
Tul erim, *que j'aie porté.* (Comme au parfait.)	Lat urum (am, um) fuisse, *avoir dû porter.* GÉRONDIF. Fer endi, *de porter.* Fer endo, *à porter.* (Ad) fer endum, *à* ou *pour porter.*	SUPIN. Latum, *à* ou *pour porter.*

Ainsi se conjuguent : *Affero, affers, attuli, allatum, afferre,* apporter; *aufero, aufers, abstuli, ablatum, auferre,* emporter.

114. Passif de *FERO*,

INDICATIF.		IMPÉRATIF.
PRÉSENT.		Point de première personne.
Fer or,	*je suis porté.*	Fer re *ou* fertor, *sois porté.*
Fer ris *ou* ferre,	*tu es porté.*	Fer tor, *qu'il soit porté.*
Fer tur,	*il est porté.*	Fer amur, *soyons portés.*
Fer imur,	*nous sommes portés.*	Fer imini, *soyez portés.*
Fer imini,	*vous êtes portés.*	Fer untor, *qu'ils soient portés.*
Fer untur,	*ils sont portés.*	
IMPARFAIT.		
Fer ebar,	*j'étais porté.*	
Fer ebaris *ou* ferebare,	*tu étais porté.*	
Fer ebatur,	*il était porté.*	. . . .
Fer ebamur,	*nous étions portés.*	
Fer ebamini,	*vous étiez portés.*	
Fer ebantur,	*ils étaient portés.*	
PARFAIT.		
Lat us sum *ou* fui,	*j'ai été ou je fus porté.*	
Lat us es,	*tu as été porté.*	
Lat us est,	*il a été porté.*	. . . .
Lat i sumus,	*nous avons été portés.*	
Lat i estis,	*vous avez été portés.*	
Lat i sunt,	*ils ont été portés.*	
PLUS-QUE-PARFAIT.		
Lat us eram *ou* fueram,	*j'avais été porté.*	
Lat us eras,	*tu avais été porté.*	
Lat us erat,	*il avait été porté.*	. . . .
Lat i eramus,	*nous avions été portés.*	
Lat i eratis,	*vous aviez été portés.*	
Lat i erant,	*ils avaient été portés.*	
FUTUR.		
Fer ar,	*je serai porté.*	
Fer eris *ou* ferere,	*tu seras porté.*	
Fer etur,	*il sera porté.*	. . . .
Fer emur,	*nous serons portés.*	
Fer emini,	*vous serez portés.*	
Fer entur,	*ils seront portés.*	
FUTUR ANTÉRIEUR.		
Lat us ero *ou* fuero,	*j'aurai été porté.*	
Lat us eris,	*tu auras été porté.*	
Lat us erit,	*il aura été porté.*	. . . .
Lat i erimus,	*nous aurons été portés.*	
Lat i eritis,	*vous aurez été portés.*	
Lat i erunt,	*ils auront été portés.*	

SUBJONCTIF.		INFINITIF.	PARTICIPE.
Fer ar, Fer aris ou fer are, Fer atur, Fer amur, Fer amini, Fer antur,	*que je sois porté.* *que tu sois porté.* *qu'il soit porté.* *que nous soyons portés* *que vous soyez portés.* *qu'ils soient portés.*	Fer ri, *être porté.*	Pas de participe présent.
Fer rer, Fer reris ou fer rere, Fer retur, Fer remur, Fer remini, Fer rentur,	*que je fusse* *que tu fusses* } *porté.* *qu'il fût* *que nous fussions* *que vous fussiez* } *portés.* *qu'ils fussent*		
Lat us sim ou fuerim, Lat us sis, Lat us sit, Lat i simus, Lat i sitis, Lat i sint,	*que j'aie été* *que tu aies été* } *porté.* *qu'il ait été* *que nous ayons été* *que vous ayez été* } *portés.* *qu'ils aient été*	Lat um (am, um) esse ou fuisse, *avoir été porté.*	Lat us, a, um, *porté, ayant été porté.*
Lat us essem ou fuissem, Lat us esses, Lat us esset, Lat i essemus, Lat i essetis, Lat i essent,	*que j'eusse été* *que tu eusses été* } *porté.* *qu'il eût été* *que n. eussions été* *que v. eussiez été* } *portés.* *qu'ils eussent été*		
. . . .		Lat um iri, *devoir être porté.* (Indéclinable.)	Fer endus, a, um, *devant être porté.*
. . . .			SUPIN. Lat u, *à ou pour être porté.*

INDICATIF.	IMPÉRATIF.
PRÉSENT. Fio, *je suis fait* ou *je deviens.* Fis, *tu deviens.* Fit, *il devient.* Fimus, *nous devenons.* Fitis, *vous devenez.* Fiunt, *ils deviennent.*	Point de première personne. Fi, *sois fait* ou *deviens.* Fiat, *qu'il soit fait* ou *qu'il de-[vienne.* Fiamus, *devenons.* Fite ou fitote, *soyez faits* ou *de-[venez.* Fiant, *qu'ils soient faits* ou *qu'ils [deviennent.*
IMPARFAIT. Fiebam, *j'étais fait* ou *je devenais* Fiebas, *tu devenais.* Fiebat, *il devenait.* Fiebamus, *nous devenions.* Fiebatis, *vous deveniez.* Fiebant, *ils devenaient.*	. . . .
PARFAIT. Fact us sum *ou* fui, *je suis devenu, je devins.* Fact us es, *tu es devenu.* Fact us est, *il est devenu.* Fact i sumus, *nous sommes devenus.* Fact i estis, *vous êtes devenus.* Fact i sunt, *ils sont devenus.*	. . . .
PLUS-QUE-PARFAIT. Fact us eram *ou* fueram, *j'étais devenu.* Fact us eras, *tu étais devenu.* Fact us erat, *il était devenu.* Fact i eramus, *nous étions devenus.* Fact i eratis, *vous étiez devenus.* Fact i erant, *ils étaient devenus.*	. . . .
FUTUR. Fiam, *je deviendrai.* Fies, *tu deviendras.* Fiet, *il deviendra.* Fiemus, *nous deviendrons.* Fietis, *vous deviendrez.* Fient, *ils deviendront.*	. . . .
FUTUR ANTÉRIEUR. Fact us ero *ou* fuero, *je serai devenu.* Fact us eris, *tu seras devenu.* Fact us erit, *il sera devenu.* Fact i erimus, *nous serons devenus.* Fact i eritis, *vous serez devenus.* Fact i erunt, *ils seront devenus.*	. . . .

NOTA. *Fimus, fitis,* et tout l'impératif, sont fort peu usités.

SUBJONCTIF.	INFINITIF.	PARTICIPE.
Fiam, *que je sois fait* ou *que je devienne.* Fias, *que tu deviennes.* Fiat, *qu'il devienne.* Fiamus, *que nous devenions.* Fiatis, *que vous deveniez.* Fiant, *qu'ils deviennent.*	Fieri, *devenir.*	Pas de participe présent.
Fierem, *que je devinsse.* Fieres, *que tu devinsses.* Fieret, *qu'il devint.* Fieremus, *que nous devinssions.* Fieretis, *que vous devinssiez.* Fierent, *qu'ils devinssent.*		
Fact us sim *ou* fuerim, *que je sois devenu.* Fact us sis, *que tu sois devenu.* Fact us sit, *qu'il soit devenu.* Fact i simus, *que nous soyons devenus.* Fact i sitis, *que vous soyez devenus.* Fact i sint, *qu'ils soient devenus.*	Fact um (am, um) esse *ou* fuisse, *être devenu.*	Fact us, a, um, *étant devenu.*
Fact us essem *ou* fuissem, *que je fusse* Fact us esses, *que tu fusses* Fact us esset, *qu'il fût* Fact i essemus, *que nous fussions* Fact i essetis, *que vous fussiez* Fact i essent, *qu'ils fussent* } *devenus devenu*		
. . . .	Fact um iri, *devoir devenir.* (Indéclinable.)	Fac iendus, a, um, *devant devenir.*
. . . .		SUPIN. Fact u, *à* ou *pour devenir.*

INDICATIF.		IMPÉRATIF.	
PRÉSENT.		Point de première personne.	
Eo,	*je vais.*	I *ou* ito,	*va.*
Is,	*tu vas.*	Ito.	*qu'il aille.*
It,	*il va.*	Eamus,	*allons.*
Imus,	*nous allons.*	Ite *ou* itote,	*allez.*
Itis,	*vous allez.*	Eunto,	*qu'ils aillent.*
Eunt,	*ils vont.*		
IMPARFAIT.			
Ibam,	*j'allais.*		
Ibas,	*tu allais.*		
Ibat,	*il allait.*	....	
Ibamus,	*nous allions.*		
Ibatis,	*vous alliez.*		
Ibant,	*ils allaient.*		
PARFAIT.			
Iv i,	*je suis allé, j'allai.*		
Iv isti,	*tu es allé.*		
Iv it,	*il est allé.*	....	
Iv imus,	*nous sommes allés.*		
Iv istis,	*vous êtes allés.*		
Iv erunt *ou* ivere,	*ils sont allés.*		
PLUS-QUE-PARFAIT.			
Iv eram,	*j'étais allé.*		
Iv eras,	*tu étais allé.*		
Iv erat,	*il était allé.*	....	
Iv eramus,	*nous étions allés.*		
Iv eratis,	*vous étiez allés.*		
Iv erant,	*ils étaient allés.*		
FUTUR.			
Ibo,	*j'irai.*		
Ibis,	*tu iras.*		
Ibit,	*il ira.*	....	
Ibimus,	*nous irons.*		
Ibitis,	*vous irez.*		
Ibunt,	*ils iront.*		
FUTUR ANTÉRIEUR.			
Iv ero,	*je serai allé.*		
Iv eris,	*tu seras allé.*		
Iv erit,	*il sera allé.*	....	
Iv erimus,	*nous serons allés.*		
Iv eritis,	*vous serez allés.*		
Iv erint,	*ils seront allés.*		

SUBJONCTIF.		INFINITIF.	PARTICIPE.
Eam, Eas, Eat, Eamus, Eatis, Eant,	*que j'aille.* *que tu ailles.* *qu'il aille.* *que nous allions.* *que vous alliez.* *qu'ils aillent.*	Ire, *aller.*	Iens, euntis, *allant.*
Irem, Ires, Iret, Iremus, Iretis, Irent,	*que j'allasse.* *que tu allasses.* *qu'il allât.* *que nous allassions.* *que vous allassiez.* *qu'ils allassent.*		
Iv erim, Iv eris, Iv erit, Iv erimus, Iv eritis, Iv erint,	*que je sois allé.* *que tu sois allé.* *qu'il soit allé.* *que nous soyons allé.* *que vous soyez allés.* *qu'ils soient allés.*	Iv isse, *être allé.*	Pas de participe passé.
Iv issem, Iv isses, Iv isset, Iv issemus, Iv issetis, Iv issent,	*que je fusse allé.* *que tu fusses allé.* *qu'il fût allé.* *que nous fussions allés.* *que vous fussiez allés.* *qu'ils fussent allés.*		
. . . .		Iturum (am, um) esse, *devoir aller.*	Iturus, a, um, *devant aller*
Iv erim, (Comme le parfait.)	*que je sois allé.*	Iturum, am, um fuisse, *avoir dû aller.* GÉRONDIF. Eundi, *d'aller.* Eundo, *à aller.* (Ad) eundum, *à* ou *pour aller.*	SUPIN. Itum, *aller.* Itu, *à aller.*

INDICATIF.	SUBJONCTIF.	INFINITIF.
PRÉSENT. Pos sum, *je peux* ou *je puis.* Pot es, *tu peux.* Pot est, *il peut.* Pos sumus, *nous pouvons.* Pot estis, *vous pouvez.* Pos sunt, *ils peuvent.*	Pos sim, *que je puisse.* Pos sis, *que tu puisses.* Pos sit, *qu'il puisse.* Pos simus, *que nous puissions* Pos sitis, *que vous puissiez.* Pos sint, *qu'ils puissent.*	Pos se, *pouvoir* Pot uisse, *avoi[r]* *pu.* — REMARQUE. *Pos sum* n'[a] ni impératif, n[i] participe, ni su[-] pin, ni géron[-] dif.
IMPARFAIT. Pot eram, *je pouvais.* Pot eras, etc.	Pos sem, *que je pusse.* Pos ses, etc.	
PARFAIT. Pot ui, *j'ai pu.* Pot uisti, etc.	Pot uerim, *que j'aie pu.* Pot ueris, etc.	
PLUS-QUE-PARFAIT. Pot ueram, *j'avais pu.* Pot ueras, etc.	Pot uissem, *que j'eusse pu.* Pot uisses, etc.	
FUTUR. Pot ero, *je pourrai.* Pot eris, etc.	. . . .	
FUTUR PASSÉ. Pot uero, *j'aurai pu.* Pot ueris, etc.	Pot uerim, *que j'aie pu.* (Comme le parfait.)	

QUEO, **je puis ou je peux.**

117. Ce verbe composé des lettres *qu* et de *eo* se conjugue régulièrement sur *ire;* seulement il n'a ni impératif, ni participes, ni supin, ni gérondif.

INDICATIF.			SUBJONCTIF.	
PRÉSENT.	Queo,	*je peux* ou *je puis.*	Queam,	*que je puisse.*
	Quis,	*tu peux.*	Queas,	*que tu puisses.*
	Quit,	*il peut.*	Queat,	*qu'il puisse.*
	Quimus,	*nous pouvons.*	Queamus,	*que nous puissions.*
	Quitis,	*vous pouvez.*	Queatis,	*que vous puissiez.*
	Queunt,	*ils peuvent.*	Queant,	*qu'ils puissent.*
IMPARF.	Quibam,	*je pouvais.*	Quirem,	*que je pusse.*
	Quibamus,	*nous pouvions.*	Quiremus,	*que nous pussions.*
PARFAIT.	Quiv i,	*j'ai pu.*	Quiv erim,	*que j'aie pu.*
	Quiv imus,	*nous avons pu.*	Quiv erimus,	*que nous ayons pu.*
P.-Q.-P.	Quiv eram,	*j'avais pu.*	Quiv issem,	*que j'eusse pu.*
			Quiv issemus,	*que nous eussions pu.*
FUTUR.	Quibo,	*je pourrai.*	. . . .	
FUT. PAS.	Quiv ero,	*j'aurai pu.*	. . . .	
IMPÉRATIF.			INFINITIF.	
	. . . .		PRÉSENT.	
			Quire,	*pouvoir.*
	. . . .		PARFAIT.	
			Quiv isse,	*avoir pu.*

Ainsi se conjugue *nequeo, is, nequivi, nequire*, ne pouvoir pas.

VERBES DÉFECTIFS.

118. On appelle *verbes défectifs* ceux qui manquent de certains temps ou de certaines personnes.

119. Verbes *VOLO, NOLO, MALO.*

	INDICATIF.		SUBJONCTIF.	
PRÉSENT.	Vol o, Vis, Vult, Vol umus, Vul tis, Vol unt,	*je veux.* *tu veux.* *il veut.* *nous voulons.* *vous voulez.* *ils veulent.*	Vel im, Vel is, Vel it, Vel imus, Vel itis, Vel int,	*que je veuille.* *que tu veuilles.* *qu'il veuille.* *que nous voulions.* *que vous vouliez.* *qu'ils veuillent.*
IMP.	Vol ebam, Vol ebas, etc.	*je voulais.* *tu voulais.*	Vel lem, Vel les,	*que je voulusse.* *que tu voulusses.*
PARF.	Volu i, Volu isti, etc.	*j'ai voulu.* *tu as voulu.*	Volu erim, Volu eris, etc.	*que j'aie voulu.* *que tu aies voulu.*
P.-Q.-P.	Volu eram, Volu eras, etc.	*j'avais voulu.* *tu avais voulu.*	Volu issem, Volu isses, etc.	*que j'eusse voulu.* *que tu eusses voulu.*
FUT.	Vol am, Vol es, etc.	*je voudrai.* *tu voudras.*	. . . .	
FUT. PAS.	Volu ero, Volu eris,	*j'aurai voulu.* *tu auras voulu.*	. . . .	

IMPÉRATIF.	INFINITIF.		
. . . .	PRÉSENT.	Vel le,	*vouloir.*
. . . .	PARF.	Volu isse,	*avoir voulu.*
	PARTICIPE.		
. . . .	PRÉSENT.	Vol ens, entis,	*voulant.*

Ainsi se conjuguent *nolo*, je ne veux pas, et *malo*, j'aime mieux.

INDICATIF.		SUBJONCTIF.	
Nol o,	*je ne veux pas.*	Nol im,	*que je ne veuille pas.*
Non vis,	*tu ne veux pas.*	Nol is,	*que tu ne veuilles pas.*
Non vult,	*il ne veut pas.*	Nol it,	*qu'il ne veuille pas.*
Nol umus,	*nous ne voulons pas.*	Nol imus,	*que nous ne voulions pas.*
Non vultis,	*vous ne voulez pas.*	Nol itis,	*que vous ne vouliez pas.*
Nol unt,	*ils ne veulent pas.*	Nol int,	*qu'ils ne veuillent pas.*
Nol ebam,	*je ne voulais pas*, etc.	Nol lem,	*que je ne voulusse pas*, etc.
Nolu i,	*je n'ai pas voulu*, etc.	Nolu erim,	*que je n'aie pas voulu*, etc.
Nolu eram,	*je n'avais pas voulu*, etc.	Nolu issem,	*que je n'eusse pas voulu*, etc.
Nol am,	*je ne voudrai pas*, etc.	. . . .	
Nolu ero,	*je n'aurai pas voulu*, etc.	Nolu erim,	*que je n'aie pas voulu.*

IMPÉRATIF.	INFINITIF.
Nol i *ou* nol ito, *ne veuille pas.*	PRÉS. Nol le, *ne vouloir pas.*
Nol ito ille, *qu'il ne veuille pas.*	PARF. Nolu isse, *n'avoir pas voulu.*
Nol ite *ou* nol itote, *ne veuillez pas.*	**PARTICIPE.**
Nol unto, *qu'ils ne veuillent pas.*	PRÉS. Nol ens, entis, *ne voulant pas.*

	INDICATIF.		SUBJONCTIF.	INFINITIF.
PRÉSENT.	Mal o, Mavis, Mavul t, Mal umus, Mavul tis, Mal unt,	*j'aime mieux.* *tu aimes mieux.* *il aime mieux.* *nous aimons mieux.* *vous aimez mieux.* *ils aiment mieux.*	Mal im, *que j'aime mieux.* Mal is, etc.	Mal le, *aimer mieux.* Malu isse, *avoir aimé mieux.*
IMP.	Mal ebam,	*j'aimais mieux*, etc.	Mal lem, *que j'aimasse [mieux.*	
PARF.	Malu i,	*j'ai mieux aimé*, etc.	Malu erim, *que j'aie mieux [aimé.*	
P.-Q.-P.	Malue ram,	*j'avais mieux aimé.*	Malu issem, *que j'eusse [mieux aimé.*	
FUT.	Mal am,	*j'aimerai mieux*, etc.	. . . .	
FUT. P.	Malu ero,	*j'aurai mieux aimé.*	. . . .	

Remarques. — I. *Nolo* est composé de *non volo*. Ces deux mots sont distincts dans les formes *non vis*, *non vult*, *non vultis* ; partout ailleurs *no* pour *non* remplace *vo* ou *ve*.

II. *Malo* est composé de *magis volo*. *Ma* se joint au verbe dans les trois formes : *ma vis, ma vult, ma vultis ;* partout ailleurs *ma* remplace *vo* ou *ve*.

III. Les premières personnes du futur *nolam* et *malam* sont peu usitées.

IV. *Volo* et *malo* n'ont point d'impératif.

V. *Volo* et *nolo* n'ont point de participe futur ; *malo* n'a aucun participe.

VI. *Volo nolo* et *malo* n'ont ni infinitif futur, ni supin, ni gérondif.

120. *MEMINI*, je me souviens.

	INDICATIF.		SUBJONCTIF.	
PRÉSENT.	Memin i,	*je me souviens.*	Memin erim,	*que je me souvienne.*
	Memin isti,	*tu te souviens.*	Memin eris,	*que tu te souviennes.*
	Memin it,	*il se souvient.*	Memin erit,	*qu'il se souvienne.*
	Memin imus,	*nous nous souvenons*	Memin erimus,	*que nous nous souvenions*
	Memin istis,	*vous vous souvenez.*	Memin eritis,	*que vous vous souveniez.*
	Memin erunt, memin ere,	*ils se souviennent.*	Memin erint,	*qu'ils se souviennent.*
IMP.	Memin eram,	*je me souvenais.*	Memin issem,	*que je me souvinsse.*
	Memin eras,	*tu te souvenais*, etc.	Memin isses,	*que tu te souvinsses.*
FUTUR.	Memin ero,	*je me souviendrai.*		
	Memin eris,	*tu te souviendras.*		
	Memin erit,	*il se souviendra.*	Memin erim,	*que je me souvienne.*
	Memin erimus,	*nous nous souviendrons.*	(Comme au présent.)	
	Memin eritis,	*v. vous souviendrez.*		
	Memin erint,	*ils se souviendront.*		

IMPÉRATIF.		INFINITIF.	
Memento,	*souviens-toi.*	Memin isse,	*se souvenir.*
Memento ille,	*qu'il se souvienne.*		
Mementote,	*souvenez-vous.*		

Ainsi se conjuguent :

Odi, *je hais*, odisse, *haïr*.
Novi, *je sais*, novisse, *savoir*.
Cœpi, *j'ai commencé*, cœpisse, *avoir commencé*.

121. AIO, je dis.

	INDICATIF.	IMPÉRATIF.	SUBJONCTIF.
PRÉSENT.	Aio, *je dis, j'affirme.* Ais, *tu dis.* Ait, *il dit.* Aiunt, *ils disent.*	Ai (rare), *dis.*	Aias, *que tu dises.* Aiat, *qu'il dise.* Aiant, *qu'ils disent.*
IMP.	Aiebam, *je disais.* Aiebas, *tu disais,* etc.	. . . .	. . . .
PARF.	Aisti (rare), *tu as dit.* Ait, *il a dit.*	. . . .	PARTICIPE. Aiens, *disant.*

INQUAM, dis-je.

INDICATIF.		IMPÉRATIF.
PRÉSENT.	PARFAIT.	
Inquam, *dis-je.* Inquis, *dis-tu.* Inquit, *dit-il.* Inquimus, *disons-nous.* Inquitis, *dites-vous.* Inquiunt, *disent-ils.*	Inquisti, *as-tu dit.* Inquit, *a-t-il dit.*	Inque ou inquito, *dis.*
IMPARFAIT.	FUTUR.	
Inquiebat, *disait-il.*	Inquies, *diras-tu.* Inquiet, *dira-t-il.*	

REMARQUES. — I. Le verbe *aio* signifie souvent *dire oui, affirmer ;* il est opposé à *nego, dire non, nier*.

II. *Inquam* n'est jamais le premier mot d'une proposition; il répond aux locutions françaises: *dis-je, dis-tu, dit-il,* qu'on emploie après un ou plusieurs mots.

DEUXIÈME PARTIE.

SYNTAXE.

122. La *syntaxe* a pour objet de joindre ensemble les mots d'une proposition et les propositions entre elles.

[Nous ne parlerons, dans cette *Grammaire élémentaire*, que de la *syntaxe des mots*.]

SYNTAXE DES MOTS.

DE LA PROPOSITION.

123. Une *proposition* est l'énonciation d'un jugement.

La proposition renferme essentiellement trois termes : *sujet, verbe, attribut.*

Ex. : Dieu est bon, *Deus est bonus*. Sujet, *Dieu ;* verbe, *est ;* attribut, *bon.*

En latin, ces trois termes ont entre eux une certaine concordance dans le genre, dans le nombre, dans le cas et dans la personne; c'est ce qu'on appelle *accord.*

Le sujet et l'attribut peuvent aussi régir un autre mot qui sert à les compléter; c'est ce qu'on appelle *complément.*

De là, dans la syntaxe des mots, deux divisions principales : *syntaxe d'accord, syntaxe de complément.*

SYNTAXE D'ACCORD

CHAPITRE PREMIER.

ACCORD DU VERBE AVEC LE SUJET.

Deus est.

124. En latin, le sujet de tout verbe à un mode personnel se met au *nominatif*, et le verbe s'accorde avec son sujet en nombre et en personne.

Ex. : Dieu existe, *Deus est.*

Est est au singulier et à la troisième personne, parce que le sujet *Deus* est du singulier et de la 3e personne.

Audio, doces, legit.

125. Quand le sujet est un pronom, on le sous-entend ordinairement.

Ex. : J'écoute, *audio;* vous enseignez, *doces;* il lit, *legit.*

Cependant il faut exprimer le pronom sujet, quand il y a deux verbes dont le sens est opposé, ou quand la phrase contient quelque chose de vif.

Ex. : Vous riez et je pleure, *tu rides, ego fleo.*
Vous osez parler ainsi ! *tu loqui sic audes!*

Petrus et Paulus ludunt.

126. Quand un verbe se rapporte à plusieurs sujets employés au singulier, on met le verbe au pluriel, comme en français.

Ex. : Pierre et Paul jouent, *Petrus et Paulus ludunt.*

Ego et tu valemus.

127. Si les sujets sont de différentes personnes, le verbe s'accorde avec la première ; s'il n'y a pas de première personne, il s'accorde avec la seconde.

Ex. : Vous et moi nous nous portons bien, *ego et tu valemus.*

Vous et votre frère vous causez, *tu fraterque garritis.*

128. En français la première personne se nomme après les autres; c'est le contraire en latin.

ACCORD DE L'ATTRIBUT AVEC LE SUJET.

129. L'attribut peut être soit un substantif, soit un adjectif ou un participe.

Augustus fuit imperator.

130. Quand l'attribut est un substantif, il s'accorde simplement en cas avec le sujet.

Ex. : Auguste fut empereur, *Augustus fuit imperator.*

Deus est sanctus.

131. Quand l'attribut est un adjectif ou un participe, il s'accorde non-seulement en cas, mais encore en genre et en nombre avec le sujet.

Ex. : Dieu est saint, *Deus est sanctus.*

La rose est belle, *rosa pulchra est.*

Le temple fut détruit, *templum eversum est.*

Sanctus est au nominatif masculin singulier, parce que le sujet *Deus* est au nominatif, du masculin et au singulier. — *Pulchra* est au féminin et au singulier, parce que *rosa* est du féminin et au singulier. — *Eversum* est au neutre et au singulier, parce que *templum* est du neutre et au singulier.

Pater et filius sunt boni.

132. Quand l'attribut se rapporte à plusieurs sujets au singulier et de même genre, il se met, comme en français, au pluriel, et prend le genre des sujets.

Ex. : Le père et le fils sont bons, *pater et filius sunt boni.*

La mère et la fille sont bonnes, *mater et filia sunt bonæ.*

La rose et la violette sont agréables, *rosa et viola jucundæ sunt.*

Pater et mater sunt boni.

133. Quand les sujets sont de genres différents et qu'ils désignent des personnes, l'attribut se met au masculin si, parmi les sujets, il y en a un du masculin ; s'il n'y en a pas un du masculin, l'attribut se met au féminin.

Ex. : Le père et la mère sont bons, *pater et mater sunt boni.*

Les femmes et les esclaves furent sauvés, *feminæ et mancipia servatæ sunt.*

Virtus et vitium sunt contraria.

134. Si les sujets sont de différents genres et qu'ils désignent des choses, l'attribut se met au pluriel neutre.

Ex. : La vertu et le vice sont contraires, *virtus et vitium sunt contraria.*

Turpe est mentiri.

135. Quand le sujet est un infinitif, l'attribut se met au neutre.

Ex. : Il est honteux de mentir, *turpe est mentiri.*

Remarque. — L'infinitif est considéré comme un véritable nom neutre avec lequel s'accorde l'adjectif : *le mentir* est honteux.

ACCORD DES MOTS MODIFIANT LE SUJET OU L'ATTRIBUT.

136. La proposition ne se présente pas toujours sous une forme aussi simple que *Deus est sanctus.* Le plus souvent le sujet ou l'attribut sont modifiés par un adjectif, un adverbe ou un substantif.

I.

Vir bonus est beatus.

137. L'adjectif modifiant le sujet ou l'attribut, et, en général, tout adjectif qualificatif suit les règles d'accord de l'adjectif employé comme attribut (voir n° 131 et suivants).

Ex. : L'honnête homme est heureux, *vir bonus est beatus.*

Horatius Coclès fut un homme courageux, *Horatius Cocles fuit vir fortis.*

Ego nominor leo.

138. Quelques verbes passifs ou neutres peuvent avoir deux attributs, l'un compris dans le verbe, l'autre, substantif ou adjectif, venant après et complétant le premier.

Si le second attribut est un substantif, il s'accorde en cas avec le sujet.

Ex. : Je me nomme lion (je suis *nommé lion*), *ego nominor leo.*

Si c'est un adjectif, il s'accorde en genre, en nombre et en cas avec le sujet exprimé ou sous-entendu.

Ex. : Aristide mourut pauvre (fut *mourant pauvre*), *Aristides mortuus est pauper.*

Il accourut tremblant, *accurrit pavidus;* elle accourut tremblante, *accurrit pavida.*

II.

Homines vere sapientes rari sunt.

139. Les adjectifs employés substantivement sont quelquefois qualifiés en français par un autre adjectif; en latin ce dernier adjectif se traduit par un adverbe, mais il faut exprimer le substantif.

Ex. : Les vrais sages sont rares (*tournez,* les hommes vraiment sages sont rares, *homines vere sapientes rari sunt.*

III.

Cicero consul Romam servavit.

140. Souvent un substantif sert à modifier un autre substantif, c'est ce qu'on appelle *apposition;* en latin ces deux noms se mettent au même cas.

Ex. : Cicéron, consul, sauva Rome, *Cicero, consul, Romam servavit.*

J'admire les ouvrages de Cicéron consul et orateur, *miror opera Ciceronis consulis et oratoris.*

Lutetia, caput Galliæ, est celeberrima.

141. Lorsque le substantif formant apposition n'est pas du même genre ou du même nombre que le premier, le verbe et l'attribut s'accordent avec le premier substantif.

Ex. : Paris, capitale de la France, est très-peuplée, *Lutetia, caput Galliæ, est celeberrima.*

Athènes, cité si glorieuse, a été détruite, *Athenæ, clarissima civitas, eversæ sunt.*

Urbs Roma fuit caput Italiæ.

142. Quelquefois les deux substantifs sont réunis en français par la préposition *de;* l'apposition a lieu néanmoins, lorsque les deux substantifs ne désignent qu'un seul et même objet.

Ex. : La ville de Rome fut la capitale de l'Italie (*tournez,* la ville Rome), *urbs Roma fuit caput Italiæ.*

Le fleuve du Rhône est rapide (*tournez,* le fleuve Rhône), *flumen Rhodanus est rapidum.*

SYNTAXE DE COMPLÉMENT.

143. Les mots susceptibles de complément sont le *nom*, l'*adjectif* et le *verbe*.

CHAPITRE II.

COMPLÉMENT DU NOM.

Filius Philippi fuit Alexander.

144. Lorsque deux noms réunis par *de*, *du*, *de la*, *des*, désignent deux objets différents, le second nom est le complément du premier et se met au génitif.

Ex. : Le fils de Philippe fut Alexandre, *filius Philippi fuit Alexander*.

La bonté de Dieu est grande, *bonitas Dei magna est*.

Tempus legendi venit.

145. Quand le complément du nom est un infinitif, cet infinitif se rend en latin par le gérondif en *di*, qui est un véritable génitif.

Ex. : Le temps de lire est arrivé, *tempus legendi venit*.

Si l'infinitif latin est suivi d'un complément et gouverne l'accusatif, au lieu du gérondif en *di*, il est mieux d'employer le participe en *dus*, *da*, *dum*, que l'on met au génitif, en le faisant accorder avec le nom en genre et en nombre.

Ex. : Le temps de lire l'histoire est venu, *tempus legendæ historiæ venit*, au lieu de *tempus legendi historiam venit*.

CHAPITRE III.

COMPLÉMENT DE L'ADJECTIF.

ADJECTIFS QUI GOUVERNENT LE GÉNITIF.

Avidus laudum est.

146. Les adjectifs suivants veulent leur complément au génitif. Ce sont :

Avidus, *avide de.*
Amans, *ami de.*
Studiosus, *qui a du goût pour.*
Incuriosus, *indifférent pour.*
Peritus, *habile dans.*
Rudis, *qui ne sait pas.*
Memor, *qui se souvient de.*
Immemor, *oublieux de.*
Expers, *qui manque de.*
Particeps, *qui a en partage.*
Plenus, *plein de.*
Inops, *dépourvu de.*
Parcus, *ménager de.*
Prodigus, *prodigue de.*

Ex. : Il est avide de louanges, *avidus laudum est.*
Tu es habile dans la musique, *peritus es musicæ.*

Sum cupidus videndi.

147. Quand les adjectifs qui veulent le génitif ont pour complément un infinitif français, on met en latin cet infinitif au gérondif en *di.*

Ex. : Je suis désireux de voir, *sum cupidus videndi.*

Si l'infinitif latin est suivi d'un complément et gouverne l'accusatif, on se sert élégamment du participe en *dus, da, dum* (n° 145).

Ex. : Je suis désireux de voir la ville, *sum cupidus videndæ urbis*, au lieu de *videndi urbem.*

ADJECTIFS QUI GOUVERNENT LE GÉNITIF OU LE DATIF.

Filius similis est patris ou patri.

148. Les adjectifs qui expriment la ressemblance, l'union, l'alliance, comme *similis*, semblable à ; *par*, *æqualis*, égal à ; *affinis*, allié à, etc., gouvernent le génitif ou le datif.

Ex. : Le fils est semblable à son père, *filius similis est patris* ou *patri.*

ADJECTIFS QUI GOUVERNENT LE DATIF.

Themistocles suis civibus fuit utilis.

149. Les adjectifs suivants gouvernent le datif. Ce sont :

Commodus, *avantageux à.*
Utilis, *utile à.*
Inutilis, *inutile à.*
Iratus, *irrité contre.*
Inimicus, *funeste à.*
Paratus, *disposé à.*
Aptus, } *propre à.*
Idoneus, } *propre à.*
Natus, *né pour.*
Assuetus, *accoutumé à.*

Ex. : Thémistocle fut utile à ses concitoyens, *Themistocles suis civibus fuit utilis.*

Le corps de l'âne est accoutumé au travail, *asini corpus est assuetum labori.*

ADJECTIFS QUI GOUVERNENT L'ACCUSATIF AVEC *AD.*

Cæsar propensus erat ad lenitatem.

150. Tous les adjectifs qui expriment un penchant, une inclination, une disposition pour quelque chose, gouvernent l'accusatif avec *ad.*

Ex. : César était porté à la douceur, *Cæsar propensus erat ad lenitatem.*

Ce jeune homme est enclin au vice, *hic juvenis proclivis ad vitium est.*

Sylla pronus erat ad irascendum.

151. Quand ces adjectifs sont suivis d'un infinitif en français, on met en latin cet infinitif au gérondif en *dum.*

Ex. : Sylla était prompt à se mettre en colère, *Sylla pronus erat ad irascendum.*

Si l'infinitif français a un complément direct, il faut remplacer le gérondif par le participe en *dus, da, dum,* que l'on fait accorder avec ce complément.

Ex. : Il était prompt à venger une injure, *pronus erat ad ulciscendam injuriam,* au lieu de *ad ulciscendum injuriam.*

ADJECTIFS QUI GOUVERNENT L'ABLATIF.

Hic puer præditus est virtute.

152. Les adjectifs *præditus,* doué de; *dignus,* digne de; *indignus,* indigne de; *contentus,* content de; *superbus,* orgueilleux de; *fessus,* fatigué de; *orbus,* privé de; *nudus,* dépourvu de; *refertus,* rempli de; *plenus,* plein de, veulent leur complément à l'ablatif.

Ex. : Cet enfant est doué de vertu, *hic puer præditus est virtute;* il est digne d'éloge, *dignus est laude.*

COMPLÉMENT DES COMPARATIFS.

153. Quand le comparatif de supériorité est exprimé en latin par un seul mot (n° 24), il y a deux manières de traduire le nom ou pronom, complément du comparatif.

Doctior Petro Paulus est.

154. 1° On ne traduit pas le *que*, et on met à l'ablatif le complément du comparatif.

Ex. : Paul est plus savant que Pierre, *doctior Petro Paulus est.*

La vertu est plus précieuse que l'or, *virtus est pretiosior auro.*

Paulus est doctior quam Petrus.

155. 2° Ou bien on exprime *que* par *quam*, et on met le second terme de la comparaison au même cas que le premier.

Ex. : Paul est plus savant que Pierre, *Paulus est doctior quam Petrus.*

Je ne connais personne plus savant que Paul, *neminem novi doctiorem quam Paulum.*

Felicior est quam prudentior.

156. Quand, après un comparatif, *que* est suivi d'un adjectif ou d'un adverbe, cet adjectif ou cet adverbe se met encore au comparatif, et au même cas que le premier.

Ex. : Il est plus heureux que prudent, *felicior est quam prudentior.*

Il a agi avec plus de bonheur que de prudence (*tournez*, plus heureusement que prudemment), *felicius egit quam prudentius.*

Magis temerarius est quam prudens.

157. Quand l'un des deux adjectifs ou des deux adverbes n'a pas de comparatif exprimé par un seul mot (n° 110), on rend le comparatif par *magis* avec le positif, et le *que* s'exprime par *quam.*

Il est plus téméraire que sage, *magis temerarius est quam prudens.*

Honorez Dieu avec plus de piété que de magnificence (*tournez*, plus pieusement que magnifiquement), *Deum cole magis pie quam magnifice.*

Remarque. — Il en est de même de l'adjectif ou de l'adverbe précédé de *moins* : Il est moins habile qu'heureux, *minus peritus est quam felix.*

Doctior est quam putas.

158. Si le comparatif est suivi d'un verbe, ce verbe se met au même temps que dans le français, et le *que* s'exprime toujours par *quam*.

Il est plus savant que vous ne pensez, *doctior est quam putas*.

Remarque. — *Ne*, qui accompagne le second verbe, ne s'exprime pas en latin.

COMPLÉMENT DES SUPERLATIFS.

Cedrus est altissima arborum, ou **ex arboribus,** ou **inter arbores.**

159. Le nom pluriel qui sert de complément au superlatif latin, se met au génitif, ou à l'ablatif avec *e, ex,* ou à l'accusatif avec *inter*.

Ex. : Le cèdre est le plus haut des arbres, *cedrus est altissima arborum,* ou *ex arboribus,* ou *inter arbores*.

Remarque. — Le superlatif s'accorde en genre avec le nom pluriel qui suit. Ainsi *altissima* est au féminin, parce que *arborum* est du féminin ; c'est comme s'il y avait *arbor altissima arborum*.

Plato erat doctissimus Græciæ.

160. Si le superlatif est suivi d'un nom singulier, il prend le genre du nom pluriel sous-entendu.

Ex. : Platon était le plus savant de la Grèce, *Plato erat doctissimus Græciæ*. C'est comme s'il y avait : Platon était le plus savant *des hommes* de la Grèce.

Validior manuum dextra est.

161. Quand on ne parle que de deux choses, on emploie le comparatif en latin au lieu de la forme superlative qui est en français, et le mot *deux* ne s'exprime pas.

Ex. : La droite est la plus forte des deux mains, *validior manuum dextra est*.

Maxime omnium est conspicuus.

162. Quand l'adjectif latin n'a pas de superlatif, on se sert de *maxime* avec le positif.

Ex. : Il est le plus remarquable de tous, *maxime omnium est conspicuus.*

COMPLÉMENT DES MOTS PARTITIFS.

Unus militum, ou ex militibus, ou inter milites periit.

163. Les mots *partitifs* comme *unus, quis, aliquis, nemo, nullus,* suivent la règle du superlatif.

Ex. : Un des soldats a péri, *unus militum,* ou *ex militibus,* ou *inter milites periit.*

Qui de vous a parlé ainsi ? *quis vestrum,* ou *ex vobis,* ou *inter vos sic locutus est?*

CHAPITRE IV.

COMPLÉMENTS DU VERBE.

COMPLÉMENT DIRECT.

Amo Deum.

164. Tout verbe actif ou transitif veut son complément direct à l'accusatif.

Ex. : J'aime Dieu, *amo Deum.*

On trouve le complément direct en faisant la question *qui?* ou *quoi?* après le verbe.

J'aime Dieu. J'aime *qui? Dieu,* voilà le complément direct du verbe j'*aime.*

Imitor patrem.

165. Un grand nombre de verbes déponents sont actifs par le sens et gouvernent également l'accusatif.

Ex. : J'imite mon père, *imitor patrem.*

Nous admirons la vertu, *miramur virtutem.*

CHAPITRE V.

COMPLÉMENT INDIRECT.

166. Beaucoup de verbes actifs et déponents, outre le complément direct, peuvent avoir un autre complément que l'on appelle *complément indirect.*

On trouve le complément indirect d'un verbe en faisant la question *à qui? à quoi? de qui? de quoi? pour qui? pour quoi? contre qui? contre quoi?* etc., après le complément direct, s'il y en a un; après le verbe, s'il n'y a pas de complément direct.

J'ai envoyé un présent à Paul. J'ai envoyé un présent *à qui? à Paul*, voilà le complément indirect du verbe *j'ai envoyé*.

Le complément indirect exprime soit le point où l'on tend, soit le point d'où l'on part; de là, complément indirect de *tendance*, complément indirect d'*éloignement*.

COMPLÉMENT INDIRECT DE TENDANCE.

167. Le complément indirect de *tendance* est généralement marqué en français par la préposition *à*, et en latin par le datif seul ou par l'accusatif avec la préposition *ad*.

Do vestem pauperi.

168. Les verbes qui signifient *donner, dire, promettre, rendre, accorder,* etc. veulent leur complément indirect au datif.

Ex. : Je donne un habit au pauvre, *do vestem pauperi*.

Dieu promet une vie éternelle au juste, *Deus vitam æternam justo promittit*.

Remarque. — Les verbes passifs peuvent également prendre ce complément indirect : Un habit a été donné au pauvre, *vestis data est pauperi;* Une vie éternelle est promise au juste, *vita æterna justo promittitur*.

Mundus Deo paret.

169. Les verbes neutres n'ont pas de complément direct; la plupart de ceux qui ont un complément indirect le veulent au datif.

Ex. : Le monde obéit à Dieu, *mundus Deo paret*.

Favemus nobilitati.

170. Un certain nombre de verbes, actifs en français, sont neutres en latin et gouvernent le datif.

Ex. : Nous favorisons la noblesse, *favemus nobilitati*.

Il a contenté le maître, *satisfecit præceptori*.

Defuit officio.

171. Les composés du verbe *sum,* excepté *absum* et *possum*, gouvernent le datif.

Ex. : Il a manqué à son devoir, *defuit officio.*

Il était présent à ce spectacle, *aderat huic spectaculo.*

Id mihi accidit, evenit, contingit.

172. Les verbes *accidit, evenit, contingit,* il arrive; *conducit, expedit,* il est avantageux ; *placet,* il plaît, veulent le nom de la personne au datif.

Ex. : Cela m'est arrivé, *id mihi accidit.*

Cela vous est avantageux, *hoc tibi expedit.*

Magna calamitas tibi imminet, impendet, instat.

173. Les trois verbes *imminere, impendere, instare,* menacer, dans le sens de être suspendu sur, gouvernent le datif.

Ex. : Un grand malheur vous menace, *magna calamitas tibi imminet, impendet, instat.*

Minatur mortem homini.

174. Mais le verbe *menacer* signifiant faire des menaces a toujours pour sujet un nom de personne, et se rend par *minari;* dans ce cas, le nom de la chose dont on menace quelqu'un devient complément direct, et se met à l'accusatif.

Ex. : Il menace l'homme de la mort (*tournez,* il menace la mort à l'homme), *minatur mortem homini.*

Le verbe *gratulari,* féliciter, se construit de la même manière.

Ex. : Je vous félicite de cette victoire, *tibi hanc victoriam gratulor.*

Hic homo irascitur mihi.

175. Plusieurs verbes déponents, comme *irasci,* se fâcher contre; *blandiri,* flatter; *opitulari, auxiliari,* secourir; *mederi,* guérir, gouvernent le datif.

Ex. : Cet homme se fâche contre moi, *hic homo irascitur mihi.*

Petivit veniam meo patri.

176. On met au datif le complément indirect qui marque le but que l'on se propose, et qui répond à la question *pour qui? pour quoi? à l'avantage* ou *au désavantage de qui?*

Ex. : Il a demandé une grâce pour mon père, *petivit veniam meo patri.*

Scribo tibi ou ad te epistolam.

177. Les trois verbes *scribo,* j'écris; *mitto,* j'envoie; *fero,* je porte, ainsi que plusieurs de leurs composés, veulent leur complément indirect au datif ou à l'accusatif avec *ad.*

Ex. : Je vous écris une lettre, *scribo tibi* ou *ad te epistolam.*

Hæc via ducit ad virtutem.

178. Quand le verbe exprime quelque mouvement, comme *conduire à,* ou une inclination vers quelque chose, comme *exhorter à, exciter à,* etc., le complément indirect se met à l'accusatif avec *ad.*

Ex. : Ce chemin conduit à la vertu, *hæc via ducit ad virtutem.*

Je vous exhorte au travail, *te hortor ad laborem.*

Si le complément indirect, au lieu d'être un substantif, est un infinitif, on traduit également *à* par *ad,* et l'on met le verbe au gérondif en *dum,* qui est un véritable accusatif, et au participe en *dus,* si ce verbe a un complément direct.

Ex. : Je vous exhorte à lire, *te hortor ad legendum;* à lire l'histoire, *ad legendam historiam.*

Doceo pueros grammaticam.

179. Le verbe *docere* et son composé *edocere*, instruire, *dedocere*, faire oublier, veulent deux accusatifs, le nom de la personne et le nom de la chose.

Ex. : J'enseigne la grammaire aux enfants (*tournez*, j'instruis les enfants sur la grammaire), *doceo pueros grammaticam.*

COMPLÉMENT INDIRECT D'ÉLOIGNEMENT.

---

180. Le complément indirect d'*éloignement* est généralement marqué en français par la préposition *de*, et en latin par l'ablatif avec ou sans une des prépositions *a, ab, e, ex, de.*

Accepi litteras a patre meo.

181. Les verbes *petere*, demander; *accipere*, recevoir; *mutuari*, emprunter; *emere*, acheter; *exspectare*, attendre; *impetrare*, obtenir; *cognoscere*, connaître, etc., veulent leur complément indirect à l'ablatif avec *a* ou *ab*, si c'est un nom de personne.

Ex. : J'ai reçu une lettre de mon père, *accepi litteras a patre meo.*

Il a demandé une grâce au roi, *petivit beneficium a rege.*

REMARQUE. — On a vu précédemment (voir n° 176) que, demander une grâce *pour* quelqu'un, s'exprime par *petere veniam alicui*, tandis que, demander une grâce *à* quelqu'un, se traduit par *petere beneficium ab aliquo.*

Accepi magnam voluptatem ex tuis litteris.

182. Si le complément indirect des verbes précédents, ainsi que des verbes *haurire*, puiser à; *accendere*, allumer à; *capere*, *sumere*, prendre à, etc., est un nom de chose, on le met à l'ablatif avec *e* ou *ex*.

Ex. : J'ai ressenti une grande joie de votre lettre, *accepi magnam voluptatem ex tuis litteris.*

J'ai appris par votre lettre, *cognovi ex tuis litteris.*

Il puisa de l'eau à une fontaine, *hausit aquam ex fonte.*

REMARQUE. — Avec *haurire, capere* et *sumere* on trouve aussi *a* et *de*, mais *e* ou *ex* est le plus usité.

Id audivi ex amico ou ab amico meo.

183. Les verbes *audire*, entendre dire, *quærere, exquirere, sciscitari*, s'informer, veulent leur complément indirect à l'ablatif avec *e* ou *ex*, quelquefois avec *a* ou *ab*.

Ex. : J'ai entendu dire cela à mon ami, *id audivi ex amico* ou *ab amico meo.*

Christus redemit hominem a morte.

184. Les verbes *redimere*, racheter; *liberare*, délivrer; *removere*, éloigner; *vindicare*, affranchir; *arcere*, écarter; *prohibere*, éloigner; *decedere*, sortir; *oriri*, *nasci*, naître de, veulent leur complément indirect à l'ablatif avec *a* ou *ab*, *e* ou *ex*, et souvent sans préposition.

Ex. : Jésus-Christ a racheté l'homme de la mort, *Christus redemit hominem a morte*.

Abundat divitiis; nulla re caret.

185. Les verbes qui expriment *abondance* ou *disette* gouvernent ordinairement l'ablatif.

Ex. : Il regorge de biens, *abundat divitiis*.

Il ne manque de rien, *nulla re caret*.

Implevit dolium vino.

186. Dans la classe des verbes qui expriment l'*abondance* il faut ranger les verbes *implere,* remplir ; *cumulare,* combler ; *satiare,* rassasier ; *affluere,* abonder.

Ex. : Il a rempli un tonneau de vin, *implevit dolium vino*.

Tu l'as comblé de bienfaits, *eum beneficiis cumulasti*.

Aux verbes qui marquent la disette se rattachent : *egere, indigere,* avoir besoin ; *vacare,* être vide ; *privare, nudare, orbare,* priver ; *spoliare,* dépouiller.

Fruor otio.

187. Les huit verbes déponents qui suivent, et leurs composés, gouvernent l'ablatif : *Fruor otio,* je jouis du repos ; *fungor officio*, je m'acquitte de mon devoir ; *potior urbe,* je suis maître de la ville ; *vescor pane,* je me nourris de pain ; *utor libris,* je me sers de livres ; *gloriatur alienis bonis,* il se glorifie d'avantages étrangers ; *lætor hac re,* je me réjouis de cela ; *nitor hastâ,* je m'appuie sur ma lance.

Interdico tibi domo mea.

188. Le verbe *interdicere*, interdire, veut le nom de la personne au datif et le nom de la chose à l'ablatif.

Ex. : Je vous interdis ma maison, *interdico tibi domo mea*.

COMPLÉMENT INDIRECT EXPRIMÉ PAR LE GÉNITIF.

Miserere pauperum.

189. Le verbe *misereri,* avoir pitié, gouverne le génitif.

Ex. : Ayez pitié des pauvres, *miserere pauperum*.

Vivorum memini, nec possum oblivisci mortuorum.

190. Les verbes *oblivisci,* oublier ; *recordari, meminisse, reminisci,* se souvenir, gouvernent le génitif ou l'accusatif.

Ex. : Je me souviens des vivants et je ne puis oublier les morts, *vivorum memini, nec possum oblivisci mortuorum.*

Il se souvient de sa patrie, *patriæ* ou *patriam reminiscitur.*

Admonui eum periculi ou de periculo.

191. Les verbes *monere, admonere, commonere,* avertir ; *facere certiorem,* informer, ainsi que le passif de ces verbes, veulent leur complément indirect au génitif ou à l'ablatif avec *de.*

Ex. : Je l'ai averti du danger, *admonui eum periculi* ou *de periculo.*

Je l'ai informé de votre dessein (*tournez,* je l'ai fait plus certain de votre dessein), *eum certiorem feci tui consilii.*

Insimulavit hominem furti.

192. Les verbes *accusare, arguere, insimulare,* accuser ; *damnare, condemnare,* condamner ; *absolvere,* absoudre ; *convincere,* convaincre, veulent au génitif le complément indirect qui exprime le délit.

Ex. : Il a accusé l'homme de larcin, *insimulavit hominem furti ;* d'avarice, *avaritiæ.*

COMPLÉMENT DES VERBES PASSIFS.

Amor a Deo.

193. Le complément des verbes passifs, marqué en français par *de* ou *par,* se met en latin à l'ablatif avec *a* ou *ab,* quand c'est un nom d'être animé ou de chose personnifiée.

Ex. : Je suis aimé de Dieu, *amor a Deo.*

Le monde est gouverné par la Providence, *mundus a Providentia administratur.*

Mœrore conficior.

194. Quand le complément des verbes passifs est un nom de chose, on le met à l'ablatif sans préposition.

Ex. : Je suis accablé de chagrin, *mœrore conficior*.

Mihi colenda est virtus.

195. Le nom de la personne doit se mettre au datif après les participes passifs en *dus, da, dum*.

Ex. : Je dois pratiquer la vertu (*tournez*, la vertu est devant être pratiquée par moi), *mihi colenda est virtus*.

CHAPITRE VI.

COMPLÉMENTS CIRCONSTANCIELS.

196. Outre le complément direct et le complément indirect, les verbes peuvent encore avoir d'autres compléments, qu'on appelle *circonstanciels*.

On les appelle ainsi, parce qu'ils servent à exprimer les *circonstances* qui accompagnent une action.

Les compléments circonstanciels peuvent se ramener à quatre principaux : la *cause*, la *manière*, le *temps*, le *lieu*; ils répondent aux questions suivantes : *pourquoi? comment? quand? où?*

I.

LA CAUSE.

Fame interiit.

197. Le nom qui exprime la *cause* d'une action se met à l'ablatif sans préposition.

Ex. : Il mourut de faim, *fame interiit*.

NOMS D'ORIGINE.

Jove ou ex Jove natus est.

198. Le nom qui exprime l'*origine* se met à l'ablatif avec ou sans *e* ou *ex*.

Ex. : Il est issu de Jupiter, *Jove* ou *ex Jove natus est*.

NOMS DE MATIÈRE.

Vas ex auro illi dedit.

199. Le nom qui exprime la *matière* dont une chose est faite, se met à l'ablatif avec *e* ou *ex*.

Ex. : Il lui donna un vase d'or, *vas ex auro illi dedit;* une statue d'airain, *signum ex ære.*

Remarque. — Au lieu du nom de matière, il est mieux d'employer l'adjectif qui en est tiré : Un vase d'or, *vas aureum;* une statue d'airain, *signum æreum.*

II.

LA MANIÈRE.

Vincis forma, vincis magnitudine.

200. Le nom qui exprime la *manière* dont une chose se fait, se met à l'ablatif sans préposition.

Ex. : Vous l'emportez en beauté, en grandeur, *vincis forma, vincis magnitudine.*

NOMS D'INSTRUMENT ET DE MOYEN.

Gladio eum occidit.

201. Le nom de l'*instrument* dont on se sert pour faire quelque chose, se met à l'ablatif sans préposition.

Il le tua de son épée, *gladio eum occidit.*

Le loup attaque avec ses dents, *dentibus lupus petit.*

NOMS DE LA PARTIE.

Teneo lupum auribus.

202. Le nom qui exprime la *partie* se met à l'ablatif sans préposition.

Ex. : Je tiens le loup par les oreilles, *teneo lupum auribus.*

NOMS DU PRIX ET DE LA VALEUR.

Hic liber constat viginti assibus.

203. Le nom qui marque le *prix,* la *valeur* de quelque chose, se met à l'ablatif sans préposition.

Ex. : Ce livre coûte vingt sous, *hic liber constat viginti assibus.*

Cette victoire coûta beaucoup de sang, *multo sanguine hæc victoria stetit.*

NOMS DE MESURE.

Id velum longum est tres ulnas.

204. Le nom qui exprime la *mesure* se met à l'accusatif sans préposition, après les adjectifs et les verbes.

Ex. : Ce voile est long de trois aunes, *id velum longum est tres ulnas.*

Duobus digitis major me non es.

205. Si le nom de mesure est précédé d'un comparatif, il se met toujours à l'ablatif.

Ex. : Vous n'êtes pas plus grand que moi de deux doigts, *duobus digitis major me non es.*

NOMS DE DISTANCE.

Abest viginti passus ou passibus.

206. Le nom qui exprime la *distance* d'un lieu à un autre, se met à l'accusatif ou à l'ablatif sans préposition.

Ex. : Il est éloigné de vingt pas, *abest* ou *distat viginti passus* ou *passibus.*

III.

LE TEMPS.

207. Il y a quatre questions de temps.

QUANDO? quand une chose se fait?

QUAMDIU? combien de temps elle dure?

QUAMDUDUM? depuis quel temps elle dure ou est passée?

QUANTO TEMPORE? en quel espace de temps elle se fait?

QUESTION QUANDO.

Veniet die dominica.

208. Le nom qui marque *à quelle époque* une chose se fait, s'est faite ou se fera, se met à l'ablatif sans préposition, et s'il y a un nombre exprimé, on se sert du nombre ordinal.

Ex. : Il viendra dimanche, *veniet die dominica;* le mois prochain, *mense proximo;* à trois heures (*tournez,* à la troisième heure), *tertia hora.*

QUESTION QUAMDIU.

Regnavit tres annos ou tribus annis.

209. Le nom qui marque *pendant combien de temps* une chose dure, a duré ou durera, se met à l'accusatif ou à l'ablatif sans préposition, et l'on se sert du nombre cardinal.

Ex. : Il a régné trois ans, *regnavit tres annos,* ou *tribus annis.*

QUESTION QUAMDUDUM.

Tertium annum regnat.

210. Le nom qui marque depuis *combien de temps* une chose dure se met à l'accusatif, et l'on se sert du nombre ordinal.

Ex. : Il y a trois ans qu'il règne, *tertium annum regnat.* Il y a plusieurs années que je suis lié avec votre père, *multos annos utor familiariter patre tuo.*

QUESTION QUANTO TEMPORE.

Id fecit tribus annis.

211. Le nom qui marque *en quel espace de temps* une chose se fait, s'est faite ou se fera, se met à l'ablatif sans préposition.

Ex. : Il a fait cela en trois ans, *id fecit tribus annis.*

Si l'on veut marquer la limite en dedans de laquelle une chose a lieu, on se sert de *intra* avec l'accusatif.

Ex. : Dieu a créé le monde en six jours, *Deus mundum creavit intra sex dies.*

IV.

LE LIEU.

212. Il y a quatre questions de lieu :

UBI? Où l'on est, où l'on fait quelque chose?
QUO? Où l'on va, où l'on vient?
UNDE? D'où l'on vient, d'où l'on sort?
QUA? Par où l'on passe?

QUESTION UBI.

Sum in Gallia, in urbe.

213. Le nom du lieu où l'on est, où l'on fait quelque chose, se met à l'ablatif avec *in,* quand c'est un nom de pays ou un nom commun.

Je suis en France, *sum in Gallia;* dans la ville, *in urbe.* Il se promène dans le jardin, *ambulat in horto.*

(Dans ce dernier exemple, bien qu'il y ait mouvement, on met *horto* à l'ablatif, parce qu'on ne sort pas du jardin.)

Natus est Avenione, Athenis.

214. Quand le nom de lieu est un nom de ville, on sous-entend la préposition.

Ex. : Il est né à Avignon, *natus est Avenione;* à Athènes, *Athenis.*

Habitat Romæ, Lugduni.

215. Si le nom de ville est du singulier et de la première ou de la deuxième déclinaison, on le met au génitif.

Ex. : Il habite à Rome, *habitat Romæ;* à Lyon, *Lugduni.*

Remarque. A la question *ubi,* les trois expressions *à la maison, à terre, à la campagne* se traduisent par *domi, humi, ruri :* Il est chez lui, à la maison, *est domi;* Il est étendu à terre, *humi jacet;* Il habite à la campagne, *ruri habitat.*

QUESTION QUO.

Eo in Galliam, in urbem.

216. Le nom du lieu où l'on va, où l'on vient, se met à l'accusatif avec *in* quand on entre dans le lieu, avec *ad* quand on ne va qu'auprès.

Ex. : Je vais en France, *eo in Galliam;* à la ville, *in urbem.* Ils vinrent au même ruisseau, *venerunt ad eumdem rivum.*

Ibo Lutetiam, domum, rus.

217. On sous-entend la préposition, quand c'est un nom de ville, de petite île, et devant les noms communs *domum* et *rus.*

Ex. : J'irai à Paris, *ibo Lutetiam;* à la maison, dans mes foyers, dans ma patrie, *domum;* à la campagne, *rus.*

QUESTION UNDE.

Redeo ex Gallia, ex urbe.

218. Le nom du lieu d'où l'on vient, d'où l'on sort, se

met à l'ablatif avec *e* ou *ex* quand on *sort* du lieu, avec *a* ou *ab* quand on s'en *éloigne*.

Ex. : Je reviens de la France, *redeo ex Gallia;* de la ville, *ex urbe*.

Il s'éloigne de la ville, *ab urbe proficiscitur*.

Redeo Roma, domo, rure.

219. On sous-entend la préposition, quand c'est un nom de ville, de petite île, et devant *domo, rure* et *humo*.

Ex. : Je reviens de Rome, *redeo Roma;* de Crète, *Creta;* de la maison, *domo;* de la campagne, *rure*.

Il se lève de terre, *surgit humo*.

QUESTION QUA.

Iter feci per Galliam, per Lugdunum.

220. Le nom du lieu par où l'on passe se met à l'accusatif avec *per*.

Ex. : J'ai passé par la France (*tournez,* j'ai fait route), *iter feci per Galliam;* par Lyon, *per Lugdunum*.

EMPLOI DU PARTICIPE.

221. Le participe peut se rapporter au sujet, au complément direct, au complément indirect, ou bien il forme avec le nom qui l'accompagne un complément circonstanciel.

De là les quatre cas suivants :

I.

Gallus escam quærens margaritam reperit.

222. Quand le participe se rapporte au sujet, il s'accorde avec ce dernier en genre et en nombre, et gouverne le même cas que le verbe d'où il vient.

Ex. : Un coq en cherchant de la nourriture trouva une perle, *gallus escam quærens margaritam reperit*.

Cicéron devant prononcer un discours était ému, *Cicero orationem habiturus movebatur*.

L'enfant ayant été interrogé répondit bien, *puer interro-*

gatus bene respondit; devant être interrogé, il craignait, *interrogandus timebat.*

II.

Captam urbem hostis diripuit.

223. Quand le participe français peut se joindre au complément direct, il s'accorde avec ce complément, qui d'ordinaire est représenté par un des pronoms *le, la, les,* qu'on n'exprime pas en latin.

Ex. : La ville ayant été prise, l'ennemi la pilla (*tournez,* l'ennemi pilla la ville prise), *captam urbem hostis diripuit.*

III.

Hosti domito victor pepercit.

224. Quand le participe peut se joindre au complément indirect, il s'accorde avec ce complément, qui est d'ordinaire représenté par un des pronoms *lui, leur,* qu'on n'exprime pas en latin.

Ex. : L'ennemi ayant été dompté, le vainqueur lui pardonna (*tournez,* le vainqueur pardonna à l'ennemi ayant été dompté), *hosti domito victor pepercit.*

IV.

ABLATIF ABSOLU.

Partibus factis, sic locutus est leo.

225. Mais quand le participe, présent ou passé, ne peut se rapporter comme précédemment ni au sujet, ni au complément direct, ni au complément indirect, on met ce participe à l'ablatif, ainsi que le nom ou pronom auquel il est joint.

Ex. : Les parts étant faites, le lion parla ainsi, *partibus factis, sic locutus est leo.*

Dieu aidant, l'affaire réussira, *Deo juvante, res bene succedet.*

Remarque. — Le participe présent qui fait partie d'un ablatif absolu, a toujours l'ablatif singulier en *e.*

SYNTAXE DES PROPOSITIONS.

PROPOSITIONS SUBORDONNÉES.

226. On appelle *propositions subordonnées* celles qui dépendent d'une autre qu'on nomme *proposition principale* (1).

Ex. : Je crois — que Dieu est saint.

Je crois, proposition principale ; — *que Dieu est saint,* proposition subordonnée.

Les propositions subordonnées les plus employées sont :

1° La proposition *infinitive,*
2° La proposition *conjonctive,*
3° La proposition par interrogation *indirecte.*

I. — PROPOSITION INFINITIVE.

Credo Deum esse sanctum.

227. Après les verbes *croire, dire, voir, savoir, assurer, être persuadé, annoncer, prétendre, espérer, permettre, promettre,* et en général après les verbes qui expriment une opinion, un sentiment, on retranche le *que;* le sujet et l'attribut se mettent à l'accusatif, et le verbe à l'infinitif : c'est ce qu'on appelle *proposition infinitive.*

Ex. : Je crois que Dieu est saint (*tournez,* je crois Dieu être saint), *credo Deum esse sanctum.*

Je crois que vous pleurez (*tournez,* je crois vous pleurer), *credo te flere.*

(1) On peut dire en général qu'une phrase contient autant de propositions qu'elle contient de verbes à un mode personnel.

Il est certain que Dieu est éternel (*tournez,* il est certain Dieu être éternel), *constat Deum esse æternum.*

A QUEL TEMPS ON DOIT METTRE L'INFINITIF LATIN.

228. On a vu que l'infinitif latin a les trois temps, le présent, le passé et le futur. — En voici le tableau à l'actif et au passif.

Actif.	*Passif.*
PRÉSENT. Amare, *aimer.*	Amari, *être aimé.*
PASSÉ. Amavisse, *avoir aimé.*	Amatum (am, um) esse *ou* fuisse, *avoir été aimé.*
FUTUR. Amaturum (am, um) esse, *devoir aimer.*	Amatum iri, *devoir être aimé.*
FUTUR ANT. Amaturum (am, um) fuisse, *avoir dû aimer.*	(L'infinitif futur antérieur passif n'existe pas en latin).

229. RÈGLE GÉNÉRALE. — Pour savoir quel temps de l'infinitif on doit employer, il faut comparer le temps exprimé par le second verbe avec le temps que marque le premier verbe.

De là les trois règles suivantes.

PRÉSENT. — Credo illum legere,

230. Quand l'action marquée par le second verbe se fait ou a été faite *dans le même temps* que celle du premier verbe, on met le second verbe au *présent* de l'infinitif.

Ex. : Je crois qu'il lit (*tournez,* je crois lui lire), *credo illum legere* (l'action de lire a lieu *en même temps* que celle de croire).

Je croyais qu'il lisait (*tournez,* je croyais lui lire), *credebam illum legere* (l'action de lire *avait lieu en même temps* que celle de croire).

J'avais cru qu'il lisait (*tournez,* lui lire), *credideram illum legere* (l'action de lire *avait eu lieu en même temps* que celle de croire).

PASSÉ. — **Credo illum legisse.**

231. Quand l'action marquée par le second verbe *était déjà faite* à l'époque indiquée par le premier verbe, on emploie le parfait de l'infinitif.

Ex. : Je crois qu'il a lu (*tournez,* lui avoir lu), *credo illum legisse* (l'action de lire *a eu lieu avant* celle de croire).

Je crois qu'il riait (*tournez,* lui avoir ri), *credo illum risisse* (l'action de rire *a eu lieu avant* celle de croire).

Je vous ai dit que Phèdre était esclave (*tournez,* Phèdre avoir été), *tibi dixi Phædrum fuisse servum* (l'action d'être esclave *a eu lieu avant* celle de dire).

FUTUR. — **Credo illum cras venturum esse.**

232. Quand l'action marquée par le second verbe est encore *à faire* à l'époque indiquée par le premier verbe, on met en latin le futur de l'infinitif.

Ex. : Je crois qu'il viendra demain (*tournez,* lui devoir venir), *credo illum cras venturum esse* (l'action de venir *doit avoir lieu après* celle de croire).

Je ne crois pas qu'il écrive demain (*tournez,* lui devoir écrire), *non credo illum cras scripturum esse* (l'action d'écrire *doit avoir lieu après* celle de croire).

Je croyais qu'il viendrait demain (*tournez,* lui devoir venir), *putabam eum cras venturum esse* (l'action de venir *doit avoir lieu après* celle de croire).

FUTUR ANTÉRIEUR. — **Credo illum venturum fuisse si potuisset.**

233. Si le second verbe français est au conditionnel passé ou au plus-que-parfait du subjonctif, on le met en latin au futur antérieur de l'infinitif.

Ex. : Je crois qu'il serait venu, s'il l'avait pu (*tournez,* lui avoir dû venir), *credo illum venturum fuisse, si potuisset.*

Je ne crois pas qu'il fût venu, s'il l'eût pu, *non credo illum venturum fuisse, si potuisset.*

SECONDE MANIÈRE D'EXPRIMER L'INFINITIF FUTUR.

I. FUTUR SIMPLE. — **Credo fore ut sileas.**

234. On a vu (page 48) que l'infinitif futur se forme du supin : *amat um, amat urum; monit um, monit urum,* etc.

Quand le verbe n'a pas de supin, on remplace la forme en *urum esse* par *fore ut, futurum esse ut,* avec le subjonctif.

Ex. : Je crois que vous vous tairez (*tournez,* je crois devoir être que vous vous taisiez), *credo fore ut sileas* ou *futurum esse ut sileas.*

Je croyais que vous vous tairiez (*tournez,* je croyais devoir être que vous vous tussiez), *credebam fore ut sileres* ou *futurum esse ut sileres.*

II. FUTUR ANTÉRIEUR. — **Credebam futurum fuisse ut sileres.**

235. De même, à l'infinitif futur antérieur, on remplace la forme en *urum fuisse,* par *futurum fuisse ut,* avec le subjonctif.

Ex. : Je croyais que vous vous seriez tu (*tournez,* avoir dû être que vous vous tussiez), *credebam futurum fuisse ut sileres.*

Cette tournure par *futurum fuisse ut* sert à traduire, au passif, l'infinitif futur antérieur qui manque en latin.

Ex. : Je crois que la ville aurait été prise *ou* eût été prise, s'il se fût hâté (*tournez,* je crois avoir dû être que la ville fût prise), *credo futurum fuisse ut oppidum caperetur si maturasset.*

Remarque. — On peut se servir de *fore ut, futurum esse* ou *fuisse ut,* même avec les verbes qui ont un supin, et par conséquent un infinitif futur en *urum.*

II. — PROPOSITION CONJONCTIVE.

Suadeo tibi ut legas.

236. Après les verbes *conseiller, persuader, souhaiter, faire en sorte, commander, prier, exhorter, avoir soin, il faut, il est juste, il est nécessaire, il arrive, il importe,* et en général après les verbes qui expriment un but, une intention, un conseil, on emploie *ut* avec le subjonctif : c'est ce qu'on appelle *proposition conjonctive*.

Ex. : Je vous conseille de lire (*tournez*, que vous lisiez), *suadeo tibi ut legas*.

237. Règle. — On emploie le présent du subjonctif si la *première* action est au présent ou au futur. — On emploie l'imparfait du subjonctif si la *première* action est à un des temps du passé.

Ex. : Je vous exhorte à lire, *te hortor ut legas*.
Je vous exhorterai à lire, *te hortabor ut legas*.
Je vous exhortais à lire, *te hortabar ut legeres*.
Je vous ai exhorté à lire, *te hortatus sum ut legeres*.
Je vous avais exhorté à lire, *te hortatus eram ut legeres*.

EMPLOI DES PRINCIPALES CONJONCTIONS.

UT.

Ut signifie tantôt *que, afin que*, tantôt *aussitôt que*.

I. — Opto ut veniat.

238. *Ut*, signifiant *que, afin que*, gouverne le subjonctif.

Ex. : Je souhaite qu'il vienne, *opto ut veniat*.

Quelquefois *ut* est remplacé par le pronom relatif ; dans ce cas on emploie encore le subjonctif.

Ex. : Pyrrhus envoya des ambassadeurs chargés de demander la paix, *Pyrrhus misit legatos qui pacem peterent* (*qui* est mis pour *ut illi*, afin qu'ils demandassent la paix).

Ut ab urbe discessi, eum vidi.

239. *Ut* signifiant *aussitôt que, dès que*, gouverne l'indicatif.

Ex. : Dès que je me fus éloigné de la ville, je l'aperçus, *ut ab urbe discessi, eum vidi*.

NE.

Tibi suadeo ne ludas.

240. S'il y a une négation après *ut*, on emploie *ne* ou *ut ne* avec le subjonctif.

Ex. : Je vous conseille de ne pas jouer (*tournez*, que vous ne jouiez), *tibi suadeo ne ludas*.

II. — Timeo ne præceptor veniat.

241. On emploie encore *ne* après les verbes *craindre, appréhender, avoir peur, prendre garde, dissuader.*

Ex. : J'ai peur que le maître ne vienne, *timeo ne præceptor veniat* (je désire qu'il ne vienne pas).

Ex. : Prenez garde de tomber (*c'est-à-dire*, que vous ne tombiez), *cave ne cadas.*

QUUM.

Quum signifie tantôt *lorsque,* tantôt *puisque.*

I. — Quum rex advenit, hæc verba edidit.

242. *Quum* signifiant *lorsque*, *quand*, gouverne l'indicatif, excepté devant l'imparfait et le parfait antérieur

Ex. : Quand le roi vint, il prononça ces paroles, *quum rex advenit, hæc verba edidit.*

Je partirai quand je pourrai, *proficiscar quum potero.*

Quand il avait vu son père, il était joyeux, *quum patrem viderat, lætabatur.*

Quum Athenæ florerent, licentia morum urbem miscuit.

243. Devant l'imparfait et le parfait antérieur, *quum* gouverne le subjonctif.

Ex. : Lorsqu'Athènes florissait, la licence des mœurs bouleversa la ville, *quum Athenæ florerent*, *licentia morum urbem miscuit.*

Quand il eut parlé il se retira, *quum locutus esset, discessit.*

On voit par ce dernier exemple que le parfait antérieur se traduit en latin par le plus-que-parfait du subjonctif.

II. — Quum id cupias, faciam.

244. *Quum* signifiant *comme*, *puisque, vu que*, gouverne toujours le subjonctif.

Ex. : Puisque vous le désirez, je le ferai, *quum id cupias, faciam.*

Puisque vous l'avez voulu, je partirai, *quum volueris, proficiscar.*

SI.

I. — Si pace frui volumus, bellum gerendum est.

245. *Si* conditionnel gouverne l'indicatif ou le subjonctif : l'indicatif, si le fait qu'il énonce est donné comme vrai ; le subjonctif, si ce fait est douteux ou n'est pas vrai.

Ex. : Si nous voulons jouir de la paix, il faut faire la guerre, *si pace frui volumus, bellum gerendum est.* (C'est comme si l'on ajoutait : *et* nous voulons jouir de la paix.)

Si je parlais, le vieillard se fâchait, *si loquebar, stomachabatur senex.* (Il est vrai que je parlais.)

Devant l'imparfait et le plus-que-parfait, *si* conditionnel gouverne le subjonctif.

Ex. : Si tu avais de la voix, aucun oiseau ne l'emporterait sur toi, *si vocem haberes, nulla prior ales foret.* (Il n'est pas vrai que tu aies de la voix.)

Si tu l'avais fait à cause de moi, je m'en réjouirais, *si fecisses causa mea, lætarer.* (Il n'est pas vrai que tu l'aies fait à cause de moi.)

II. — Hunc librum si leges, lætabor.

246. Après *si*, on emploie le futur, et plus élégamment le futur antérieur, si le verbe de la proposition principale est au futur.

Ex. : Je serai charmé, si vous lisez ce livre (*tournez,* si vous lirez), *hunc librum si leges, lætabor.*

Si vous le faites, je vous en aurai une grande reconnaissance (*tournez,* si vous l'aurez fait), *si feceris, magnam habebo gratiam.*

III. — INTERROGATION INDIRECTE.

247. Souvent, au lieu de dire directement *que voulez-vous?* on dit, en employant deux propositions : *Dites-moi — ce que vous voulez.* C'est ce qu'on appelle *interrogation indirecte.*

Dans ce cas, la seconde proposition commence par un des mots *quis, qualis,* qui, quel ; *uter,* lequel des deux ; *ubi,* où ; *quando,* quand ; *cur,* pourquoi ; *quomodo,* comment ; *quantum,* combien, etc.

Dic mihi quota hora sit.

248. Règle. — En latin, le verbe de l'interrogation indirecte se met *toujours* au subjonctif.

Ex. : Dites-moi quelle heure il est (*tournez,* quelle heure il *soit*), *dic mihi quota hora sit.*

Vous ne savez pas qui je suis (*tournez,* qui je *sois*), *nescis quis ego sim.*

Je voudrais savoir où vous êtes (*tournez,* où vous *soyez*), *scire velim ubi sis.*

Vous voyez combien je vous aime, *vides quantum te amem.*

A QUEL TEMPS ON DOIT METTRE LE SUBJONCTIF.

Nescio quid agas.

249. Dans l'interrogation indirecte, un temps de l'indicatif en français se rend en latin par le temps correspondant du subjonctif.

Ex. : Je ne sais ce que vous faites, *nescio quid agas.*
Je ne sais ce que vous faisiez, *nescio quid ageres.*
Je ne sais ce que vous avez fait, *nescio quid egeris.*
Je ne sais ce que vous aviez fait, *nescio quid egisses.*

Si le verbe français est au futur actif, comme il n'existe pas en latin de subjonctif futur, on emploie le participe en *rus, ra, rum,* avec *sim, essem, fuerim, fuissem.*

Ex. : Je ne sais s'il viendra, *nescio num venturus sit.*
Je ne savais s'il viendrait, *nesciebam num venturus esset.*

TABLE MÉTHODIQUE.

PREMIÈRE PARTIE.

SUPPLÉMENT A LA PREMIÈRE PARTIE.

DEUXIÈME PARTIE.

SYNTAXE DES MOTS.

SYNTAXE DES PROPOSITIONS.

FIN DE LA TABLE

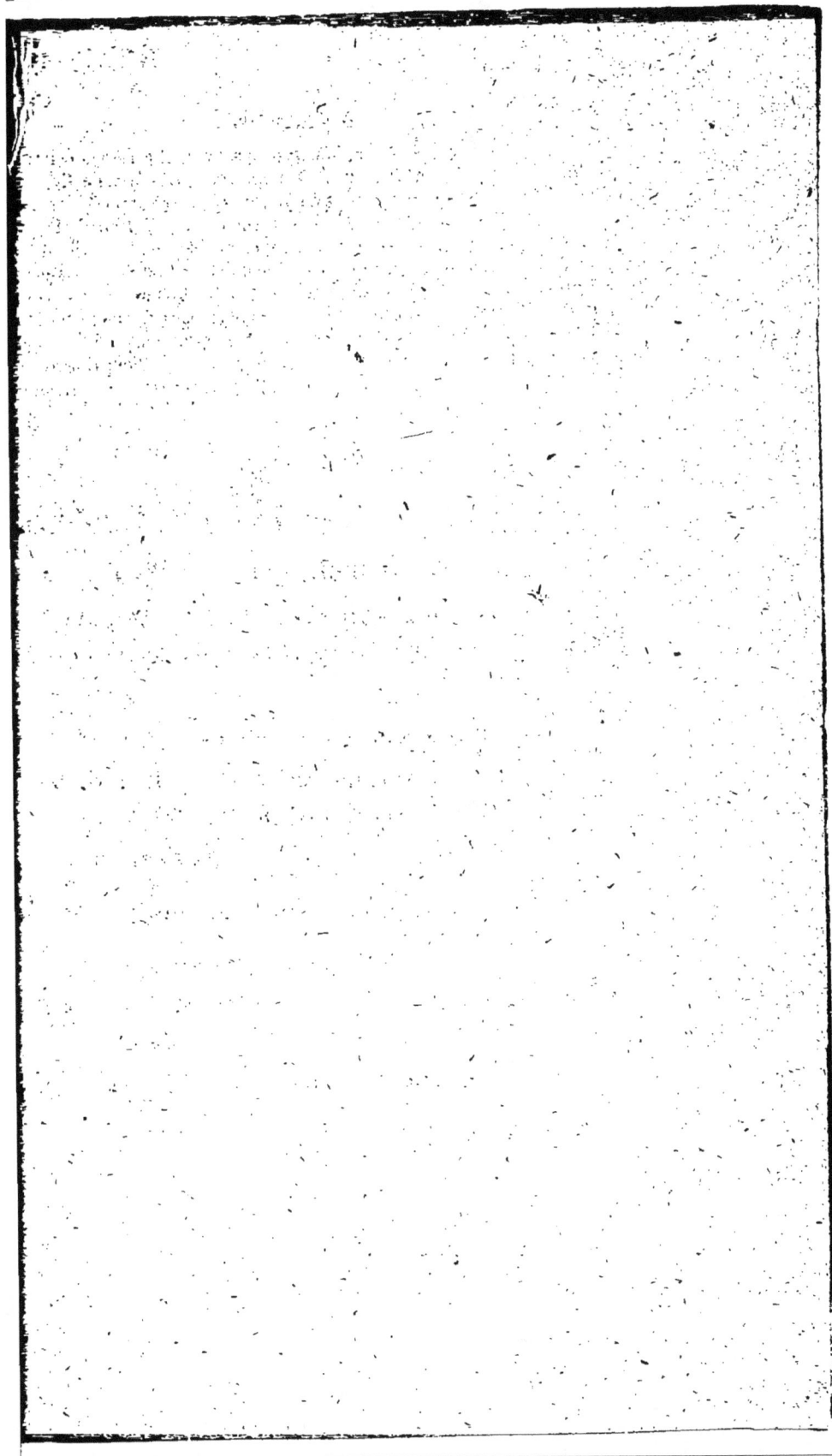

www.ingramcontent.com/pod-product-compliance
Lightning Source LLC
Chambersburg PA
CBHW070811290326
41931CB00011BB/2192
* 9 7 8 2 3 2 9 0 3 1 5 8 3 *